S1
Lb 3618.

AF223513

LE
MAIRE DE VILLAGE

OU

COUP-D'ŒIL

SUR

L'ÉTAT SOCIAL DE 1842.

PAR

R. BOULAY.

Prix : 1 Franc.

PARIS.

LUTTON, IMPRIMEUR DE LA BOURSE,

Rue Notre-Dame-des-Victoires, 38.

1842.

LE
MAIRE DE VILLAGE

OU

COUP-D'ŒIL

SUR

L'ÉTAT SOCIAL DE 1842.

PAR

R. BOULAY.

Prix : 1 Franc.

PARIS.

LUTTON, IMPRIMEUR DE LA BOURSE,
Rue Notre-Dame-des-Victoires, 38.

1842.

IMPRIMERIE DE Mme DE LACOMBE,
Rue d'Enghien, 12.

INTRODUCTION.

A peine ai-je commencé à me connaître et à réfléchir, que j'ai été sensible aux phases piquantes et parfois bien douloureuses de notre époque; c'est-à-dire encore que j'ai dû frémir au récit du drame sanglant qui a clos notre dernier siècle.

Que de tableaux divers! que d'enseignes pour guider les voyageurs humains! Que de méditations à offrir aux contemplateurs philosophes et aux rêveurs politiques au milieu du tumulte comme au milieu d'une paisible retraite!

Mille fois je me suis trouvé saisi de l'entraînant désir d'exprimer mes idées de vingt ans sur les hommes et sur les choses de ce monde; mais, retenu par la timidité de mon âge, éclairé sur mon ignorance, ma faiblesse, par l'éternelle compagne des hommes, qu'on appelle raison, je me suis abstenu.

Quatre lustres de plus, passés dans des temps meilleurs, quoique parfois orageux, m'ont affermi dans mes premières idées et ont fait éclore en moi le sentiment de certains principes qui m'ont toujours semblé conformes aux règles de la sagesse humaine, et que, malgré mon insuffisance, je n'ai pu m'empêcher de mettre au jour.

Critiques justes et sévères, de grâce n'allez pas me condamner pour ces dernières paroles; je suis, hélas! du nombre de ceux qui peuvent avoir quelques bonnes idées pour les autres et en ont souvent peu pour eux-mêmes.

C'est donc après avoir fréquenté quelques hommes politiques, philantropes, connus pour tels, beaucoup qui le sont sans s'en douter, et le plus grand nombre qui ne l'est pas du tout; après avoir suivi le cours de la politique du gouvernement, tantôt avouée, tantôt controversée par les journaux et écrivains publics, et me trouvant au milieu d'une pluie, d'une inondation d'écrits bons et mauvais, que je me suis cru autorisé, d'après notre droit public, d'entrer officieusement en lice et de combattre d'autres idées que je crois être mauvaises, en faisant, d'un autre côté, des vœux pour quelques améliorations dont la société, à mon avis, a grand besoin.

Au nombre de ces améliorations, il en est quelques-unes qui m'ont frappé et sur lesquelles j'ai cru devoir porter plus spécialement mon attention. Ce sont elles qui feront le sujet principal de ce petit écrit et qui sont comprises sous douze articles.

Outre l'idée de mettre au jour l'expression de mes vues dans l'intérêt de la société tout entière, j'ai eu, pour pensée dominante, celle d'obtenir de la générosité des lecteurs, en guise d'une souscription, une petite somme pour nous aider à élever, sur quelques mètres carrés, un humble toît où pourront être reçus et gouvernés, selon les moyens et ressources que se procurera le bureau de bienfaisance que je vais essayer d'établir ici, deux ou trois malheureux, et de suite une chétive créature, sans proches, âgée, aveugle, qui, à l'aide d'un guide, vient chaque jour à nos portes demander du pain , et qu'un hospice voisin, faut-il l'avouer, très-riche, lui refusa naguère, contrairement aux prescriptions impératives d'une loi de 1791, qui porte en substance :

> « Les pauvres vieux, infirmes et sans parens, devront être reçus
> » dans l'hospice le plus voisin. »

Je désire que le sort de cette malheureuse femme ne vienne pas faire le pendant du hideux tableau que présentèrent à nos yeux, il y a 18 mois, un homme et une femme non parens, vieux, infirmes, abandonnés de leurs enfans dont on ignorait alors le domicile , décédés : l'un dans l'étable d'un honnête et charitable fermier, et l'autre, sur un affreux grabat qu'arrosait parfois l'eau du toît.

Il n'y a pas, je le sais, dans cet écrit, de quoi satisfaire pleinement la juste curiosité du lecteur, mais lorsqu'il verra que je m'adresse à son cœur, plutôt qu'à son esprit, j'ose espérer qu'il n'hésitera pas à tirer de sa poche la minime pièce d'un franc pour contribuer à une bonne œuvre. Le produit d'un millier d'exemplaires n'atteindra pas le chiffre nécessaire pour construire notre petite Maison-Dieu, mais je compte sur plusieurs âmes généreuses dont le cœur vibrera au seul mot de charité.

Le produit de la souscription (car c'est ainsi qu'on doit entendre l'acte que je désire provoquer de mes honorables concitoyens et compatriotes) sera déposé entre les mains de M. le desservant de ma commune, et une liste des noms des souscripteurs, ou plutôt des bienfaiteurs, sera publiée dans le journal de l'arrondissement d'Argentan et dans celui du département de l'Orne.

Pénétré de la bonté de ma cause, mais faible pour la défendre, je m'abandonne avec confiance à la sagesse des lecteurs, persuadé que plus ils seront éclairés, plus ils m'accorderont leur bienveillante indulgence, en compensation des injures et calomnies que je pourrai recevoir de la part de certains esprits chagrins, ou d'ennemis , sans les avoir méritées.

LE MAIRE DE VILLAGE.

CHAPITRE PREMIER.

De l'Agriculture.

La France, le plus beau royaume du monde, possède beaucoup de savans en tous genres, de littérateurs du premier ordre, d'artistes pris souvent pour types par les nations voisines; mais, hélas ! combien lui reste-t-il à désirer ?

Il lui faudrait des hommes spéciaux pour l'industrie, l'agriculture, l'agriculture surtout, qui est tant négligée, méprisée, accablée d'impôts, autrefois si honorée, et qui sera, à juste titre, éternellement regardée comme le grenier du genre humain.

Elle aurait besoin d'autres genres d'utilités indispensables à une grande nation. On compte à peine trois ou quatre instituts agricoles, où le travail éclairé demande à la terre, première nourricière des hommes, les fruits des labeurs et des *éhannemens* de ses enfans.

Nos comices agricoles ne laissent pas que d'être d'une grande utilité, ils encouragent mais n'enseignent point. Il n'y a que l'agronome éclairé, que l'homme spécial qui puisse démontrer la manipulation du sol.

Il n'existe pas assez d'écoles d'arts et métiers. Chaque siége de Cour royale devrait avoir la sienne, ainsi qu'une chaire d'économie commerciale dans le même établissement.

On ne manque pas de colléges, de séminaires, de chaires d'éloquence, de médecine et de droit, tous ces besoins sont satisfaits.

Si la centralisation en politique, en administration, est bonne, indispensable, elle est défavorable aux masses d'écoliers; aussi, a-t-on bien fait, sous tous les rapports, de les répandre dans les principales villes de province.

Pour revenir à l'agriculture, que faire de nos vastes terrains communaux ? ils sont immenses et possédés par les habitans d'une ou plusieurs communes, soit à titre de propriété indivise, par possession immémoriale, soit par concession à titre onéreux de la part des ci-devant seigneurs. Les uns sont des prairies sur lesquelles des propriétaires peuvent enlever l'herbe, les autres sont des terrains vagues et incultes abandonnés toute l'année aux pâturages.

Ces derniers terrains tenus en commun sont si étendus, qu'on ne peut, sans étonnement et sans douleur, les voir, depuis si long-temps, condamnés à une stérilité perpétuelle, et jusqu'ici le cri de la conscience publique et des besoins impérieux des communes, n'a pu ébranler un édifice aussi monstrueux qu'avait construit jadis le droit du plus fort.

Chez un peuple libre et essentiellement agricole comme le nôtre, pourquoi laisser sans fruits précieux d'aussi vastes terrains ? A la vérité, quelques communes en vendent certaines parcelles pour satisfaire à leurs besoins, à leurs dépenses pour édifices publics ou autres objets d'utilité générale. Notre commune, par exemple, vient tout récemment d'aliéner ses bruyères, dont le prix a été consacré à l'érection d'un temple chrétien, où brille une architecture que visite chaque jour l'œil du voyageur et de l'artiste éclairé.

L'expérience prouve que les biens possédés en commun sont toujours négligés et dilapidés en commun. Le sentiment de la propriété, si actif, si nécessaire, la base des sociétés, n'inspire aucun soin, aucun sacrifice pour ces sortes de biens : au contraire, chaque habitant ne considérant que son droit particulier, tâche d'en tirer le plus grand profit, il usurpe ou dégrade quand il peut, et toujours, sa jouissance, quelle qu'elle soit, qui devrait être commune et proportionnelle, est inégale; souvent même pour celui qui en aurait le plus de besoin. L'homme, en effet, qui en retire le plus d'avantage, est précisément celui qui y fait paître le plus de bestiaux.

En comparant le faible produit des communaux avec celui

des terrains mis dernièrement en culture dans notre commune, il sera facile de se persuader que l'existence des communaux est un des principaux abus contraires aux progrès de l'agriculture. La nourriture, telle que l'offrent nos bruyères, tient les bestiaux dans un état habituel de maigreur, abâtardit toutes les races bovines ou chevalines; aussi, est-ce de là que l'on tire les grêles chevaux des charbonniers.

Quel avantage, quel bien général produirait la culture de tous ces terrains qui nous entourent, et notamment de cette immense bruyère de la *Coudraie,* où, suivant la chronique du pays, ont campé César et ses vaillantes légions; bruyère qui nous touche à un kilomètre de distance, située entre Sèez et Argentan, dont le périmètre ou contour donne plus de trente kilomètres très propres aux pâturages et aux labours, après une première culture d'un seul morceau implantée au milieu de six communes, et pouvant, à elle seule, en former trois qui donneraient la vie à trois mille habitans humains, tandis que cette maigre bruyère n'alimente que quelques centaines de bestiaux de races dégénérées.

Il serait donc à désirer que le gouvernement s'occupât immédiatement de réglementer légalement le mode de jouissance ou le partage de tous ces terrains. Le partage par feux, moyennant redevance annuelle, seul moyen, selon nous, applicable, ouvrirait une source immense de richesse et pour la commune et pour le pays. Le fait est tellement évident, qu'il ne peut lui être opposé la plus légère critique. Le bon Henri IV le reconnaissait bien, en parlant des dessèchemens des marais, il disait :

> « Entre les moyens licites que nous avons recherchés pour
> » soulager et enrichir nos sujets depuis notre avènement à la
> » couronne, ayant reconnu que le revenu de la terre était le
> » *plus utile et le plus assuré,* avons fait chercher les moyens
> » de dessécher, etc., etc.

Outre que la société retirerait un bénéfice grand, réel de

cette amélioration matérielle, elle aurait les moyens d'occuper les ouvriers sans ouvrage, les pauvres valides, et de donner du pain à ceux qui ne le sont pas. Cette malheureuse classe mérite, au plus haut degré, toute notre attention.

Il existe des lois de la première révolution qui obligeaient les communes à nourrir leurs pauvres, et les hospices les plus proches à recevoir les pauvres vieux et infirmes. C'était fort bien alors; ces lois, sorties d'un sein convulsif, faisaient honneur aux législateurs du temps; mais, malheureusement, ces actes d'humanité sont restés jusqu'à ce jour sans application générale, et les pauvres, la plupart fainéans de leur métier, se sont mis en route, parcourant pendant toute leur vie les communes de leurs départemens, en exploitant ainsi, à leur aise, la charité publique, que la France, parmi les autres nations, possède au superlatif.

Au temps qui court, humains, charitables que nous sommes, pouvons-nous souffrir le vagabondage, ce vice de notre organisation civile, cette plaie entretenue par une bienfaisance mal entendue, et dont la société doit aujourd'hui changer le mode d'action.

Le fameux Napoléon a fait tout pour extirper du sein de la société ce cancer dévorant, il n'a pu réussir; les gendarmes, les prisons, tout enfin de ce qui peut impressionner l'homme a été inutilement mis en usage.

Ne sommes-nous pas tous frères ? C'est alors un devoir de nous secourir réciproquement; exécutons charitablement, en temps de paix, les lois de 91; que le pain public devienne un gâteau de famille; que chaque commune donne du pain et procure du travail à ceux qui en ont besoin, et qui sont souvent sans toit.

Il faut espérer que nos trente-sept mille communes pourront suffire à ces besoins. Il existe peut-être un centième de la population en état d'être secouru; du reste, nous saurons bientôt le chiffre exact, le gouvernement s'occupant, depuis quelque temps, de l'état numérique des pauvres en général.

Les communes, en vertu de nouvelles lois spéciales, devront sans doute s'imposer extraordinairement; les conseils municipaux, aidés de leur clergé paroissial, formeront des bureaux de charité, et distribueront, soit le travail, soit les secours, à chacun selon sa position.

On ne trouverait pas, nous le pensons, de commune où il n'y ait actuellement de travaux à exécuter, attendu les milliers de chemins vicinaux qui vont bientôt couvrir notre sol. Mais aujourd'hui on manque généralement de bras, même pour l'agriculture, dont le produit est loin d'être brillant; aussi, le salaire étant en raison de cela peu élevé, les ouvriers cultivateurs désertent nos campagnes pour aller se réfugier dans les grandes villes, où leur travail est plus profitable.

Si la terre, l'agriculture, comme l'a dit le bon Henri IV, sont le revenu *le plus utile*, *le plus assuré*, il serait à désirer que cette terre, la propriété privée particulièrement, fût plus protégée, plus respectée qu'elle ne l'est de nos jours. La chasse et la pêche sont de frivoles jouissances que tout le monde, sans distinction, veut se donner aujourd'hui, en foulant et en détruisant les récoltes. Il y a vraiment abus de ces plaisirs, et violation du droit de propriété que peu d'hommes ont le courage de défendre. Nous ne manquons pas de lois et réglemens répressifs; mais il ne se trouve personne, ou très peu de personnes, qui veuillent avoir la force de les faire exécuter. Les gendarmes veillent et font trembler bien des braconniers; mais les gardes-champêtres remplissent en général très mal leurs fonctions.

Le défaut de clôture, dans notre pays, occasionne, par le passage facile des délinquans et le dommage des bestiaux, une perte beaucoup plus considérable qu'on ne le croit; on n'y pense même pas, et on a tort.

Nous allons, après avoir fait un état des animaux, et surtout des moutons envoyés çà et là dans les pâtnres, établir une perte réelle, sans craindre, de la part de qui que ce soit, une réponse infirmative aux faits que nous nous sommes plu à établir.

Quelle que soit la vigilance des bergers, quelque bien dressés que soient leurs chiens, il n'y a pas de mouton qui ne prenne, chaque année, sur les bords des pièces de terre, six kilogrammes de tous grains soit en épis, soit en herbe. Ce n'est pas quinze grammes par jour.

En supposant cinq cents moutons, terme moyen, par commune, ce dommage peut s'élever à une somme assez forte.

Si le gros de tous les autres bestiaux fait le même dégât, comme cela arrive journellement sous nos yeux, on peut établir annuellement une perte considérable pour le pays.

Nous avons vu des bergers avec lesquels nous nous sommes maintes fois entretenu longuement des soins à donner aux troupeaux, de leur meilleur mode d'alimentation et des dégâts que ces petits animaux, quoique bien gardés à vue, pouvaient encore occasionner dans une année : tous ont reconnu pour la moitié seulement la proposition que nous leur avions établie. Jugeons du reste. Il est des bergers comme des pêcheurs, qui n'avouent que la moitié de leurs fautes. Pour bien juger du fait, il suffirait de suivre un troupeau pendant un seul jour, sans être aperçu du berger, et on verrait que ce dernier ne se fait pas de cas de conscience, à la chute du jour, de laisser son paisible troupeau faire halte dans quelque coin d'un champ voisin.

Pour obvier, autant que possible, à tous les inconvéniens que nous venons de signaler, nous désirerions que toute commune eût son garde champêtre, et que ce garde champêtre fût un soldat libéré, sachant lire et écrire. Nous serions plus tranquille sur le sort de nos pauvres récoltes; mais il faudrait qu'un traitement convenable fût assuré sur le budget communal par le vote d'une autorité, autre que la communale, qui, souvent, n'a pas de ressources, et est peu soucieuse des intérêts de ses habitans. .

CHAPITRE II.

Du Commerce.

En politique et en liberté, il ne doit pas y avoir de laisser-aller absolu, illimité; nous voudrions qu'il en fût de même en industrie, en commerce; qu'il y eût un cercle fort large, dans lequel on se remuerait à l'aise et qu'il ne pût être franchi que par la jambe du génie novateur ou créateur; qu'il y eût, non pas des maîtrises, des jurandes comme autrefois, mais quelque chose qui s'en rapprochât, à titre de garantie, tout en laissant un libre essor à l'esprit mercantile entré dans le cercle.

Combien voyons-nous souvent l'immense concurrence faire un mal incalculable à la société! Presque toujours le gros commerce tue le petit. Celui-ci veut marcher, il n'est pas long-temps sans s'apercevoir de sa faiblesse, et de là des chutes qui retentissent dans de milliers de familles.

La fortune, ou le veau d'or, est le point de mire de tout le monde, plus aujourd'hui que jamais, l'argent, ce vil métal, étant, à notre déplorable époque d'égoïsme, le premier, le plus puissant despote des hommes et tenant, dans ses mains, depuis la houlette jusqu'à la couronne.

Dès qu'un individu peut disposer d'un petit capital, quelque modique qu'il soit, il s'élance vite dans le commerce que souvent il ne connaît pas. Il compte sur son activité, sur la confiance des négocians prêteurs et celle des acheteurs, il fait emplette sur emplette. Cette confiance arrive lentement ou n'arrive point, et voilà notre homme embarrassé, arrêté dans sa course et prêt à tomber. Combien y en a-t-il qui tombent chaque jour sous nos yeux? Les uns descendent les mains vides, d'autres quittent les mains pleines; mais, grâces à nos nouvelles lois répressives, ce dernier cas deviendra, il faut l'espérer, beaucoup plus rare.

On nous objectera : mais le gros commerce périclite aussi, sans doute ; et pourquoi, nous ajoutera-t-on ? parce qu'il a été battu, miné à l'infini par la concurrence, par des milliers de vendeurs à vil prix, par cette lèpre mercantile qui tapisse nos rues, par une baisse enfin causée par une trop grande production et un défaut d'écoulement.

Un, deux, trois, prospèrent sur dix, vingt, trente, qui végètent ou croulent. Il suffit que quelques-uns réussissent dans une branche quelconque pour que tout le monde veuille aussitôt s'y attacher.

Mais c'est une très grande erreur de croire qu'une volonté vigoureuse, active, puisse appeler, à son gré, l'inconstante fortune. Deux hommes d'égal mérite, du même poids pécuniaire, placés sur la même échelle, ne profiteront pas également des chances incertaines du commerce. Il y a tant à dire sur cet objet : la manière de faire, le hasard, le bonheur enfin se rencontrent dans des proportions si inégales, qu'il n'est permis à personne d'asseoir, à l'avance, une opinion exacte sur les résultats ultérieurs d'une position acquise.

Le mal, comme nous l'avons dit, vient de la concurrence, grande, aveugle ; mais comment l'empêcher sans entraver la liberté du commerce ? Comment restreindre cette liberté illimitée, proclamée par la Constituante dont la puissante voix fit voler en mille éclats les bases d'un privilége vermoulu ? Comment donc enlever au peuple ce nouveau privilége sans bornes, cette source où chacun aujourd'hui peut aller aveuglément puiser jusqu'à satiété ?

Dans le but de diminuer sensiblement la concurrence commerciale, ne pourrait-on pas doubler, quadrupler même le chiffre de certaines patentes, et ne permettre d'actes de commerce habituel qu'à ceux qui auraient un domicile réel, et non à une foule de coureurs et colporteurs sans feu ni lieu, qui sillonnent le pays, et dont quelques-uns malheureusement se livrent les jours de foires à certaines pratiques dont le public est trop souvent victime ?

Nous ne concevons d'utile concurrence que dans les ventes aux enchères publiques ; les entreprises de certains travaux, d'objets d'un service actif, permanent ou temporaire, de fournitures de certaines matières ; dans l'obtention de certains titres et honneurs dus au mérite ; dans l'exercice de professions qui n'ont rien de commun avec le commerce, et peut-être encore quelques autres cas que nous ne précisons pas.

Si la concurrence illimitée présente quelques avantages pour le consommateur, elle est, à quelques rares exceptions près, pour les commerçans, fabricans, une confusion, une anarchie universelle, un avilissement du commerce, un grand mal pour les ouvriers qui, dans le temps de prospérité de la fabrication, largement rétribués, s'accoutument à certaines jouissances qui finissent par devenir des besoins impérieux : jouissances auxquelles ils sont forcés de renoncer, ou qu'ils ne peuvent plus se procurer que par des moyens illicites lorsque le fabricant, à défaut d'écoulement de ses produits, est contraint, ou de diminuer le prix du travail, ou de restreindre le nombre des bras qu'il emploie.

Le plan que nous proposons, s'il pouvait être exécuté, rentrerait dans le grand cercle de l'ordre social, et empêcherait la confusion, le mélange, la volonté de faire un peu de tout, ainsi que cela se pratique journellement. Aussi, voyons-nous le boulanger, le bourrelier, vendre des sabots, de la chandelle, du sucre, du café, de l'huile, etc. ; lorsque le pharmacien, de son côté, unit la médecine à l'épicerie.

Ne pourrait-on pas exiger de tout homme désireux de faire du commerce, outre sa patente, la justification d'un avoir suffisant pour asseoir son genre d'industrie et tranquilliser la confiance publique ? Et, dans le cas où ce moyen ne serait pas praticable, soumettre à autant de patentes spéciales celui qui cumulerait plusieurs branches d'industrie ? Ce dernier moyen, qui d'ailleurs serait profitable au Trésor public, pourrait diminuer cette réunion de diverses spéculations dans la même main, et serait avantageux aux marchands qui n'ont qu'une spécialité, et qui, vu la grande concurrence, réussissent difficilement à se maintenir dans un état prospère.

La loi du 1er brumaire an VII, qui est la loi organique des patentes, leur a assigné un rang par classe ; eh bien ! que toutes les industries, mieux désignées, soient de nouveau rangées par catégories claires et précises où chaque branche de commerce ou d'industrie comprendra les objets qui, par leur nature, peuvent avoir le plus de ressemblance entre eux ; qu'au lieu de sept classes reconnues, on en crée douze pour la facilité du public. Que le boulanger ne fasse que du pain ; que l'épicier ne vende que de la droguerie en général et tout ce qui a rapport à l'épicerie. Que le tailleur d'habits ne puisse que façonner ; que le pharmacien se renferme dans son laboratoire ; ou bien, vu la fameuse liberté sortie des mains de la Constituante, que chaque individu, désireux du cumul, soit assujetti à autant de patentes qu'il adoptera de genres de commerce. Que le droit de patente appuie plus fortement sur la partie d'industrie qui paraîtra l'accessoire du principal établissement du commerçant, de manière à faire reporter plus tard cette fraction de spéculation dans la main de l'homme qui paie déjà lui-même un droit de patente, pour le même objet dont il fait sa seule occupation, et qui est pour lui et sa chère famille le seul moyen d'existence.

De cette manière, il y aurait justice et sécurité pour tout le monde ; car, en définitive, pour qu'un homme veuille s'enrichir, cela ne doit pas être aux dépens d'autrui. La société, qui n'existe que de la réciprocité et de l'échange incessant des devoirs et droits de chacun de ses membres, ne peut, ne devrait pas, il nous semble, abdiquer ses droits généraux de sûretés publiques. Elle exige des garanties pour les grandes entreprises commerciales qu'un seul souvent ne peut tenter. On demande des garanties spéciales d'aptitude et de savoir aux pharmaciens, aux herboristes qui, dans certains cas, sont regardés comme marchands, puisqu'ils paient patente et qu'ils se sont procuré leur savoir avec des sacrifices de temps et d'argent. Nous concevons, du reste, le cas particulier où ces hommes se trouvent à cause de la livraison d'objets dangereux.

Il en est de même pour les autres professions, telles que celles d'avocat, notaire, médecin, avoué, huissier enfin. Il n'existe donc que le commerce de privilégié ; il n'en devrait pas être ainsi ; et nous pensons qu'il y a lieu à réformer, et que tôt ou tard on reconnaîtra la nécessité de protéger le commerçant.

Voilà, à notre avis, le terrain que d'habiles économistes doivent explorer en désignant les bornes où devra s'arrêter la liberté, la fureur commerciale, puisque, sur la terre, tout se trouve limité.

CHAPITRE III.
De l'Éducation.

Les hommes ont tous la même nature, des nuances physiques marquent seules des différences qui, à leur tour, doivent nécessairement produire, outre des forces inégales, des idées dissemblables ; et de là, des aptitudes diverses que le hasard ou l'ambition conduisent au rebours du naturel. Nous l'avouons, pour notre compte et pour beaucoup d'autres, que nous avons pris sur le fait : nos parens, notre fol orgueil nous déroutent parfois, en nous acheminant vers une carrière pour laquelle nous ne sommes point nés.

Car, quoique la satisfaction de nos besoins corporels, et des soins assidus donnés à notre éducation, paraissent produire une certaine somme de jouissance sociale, et aient été le but vers lequel nous ayons tendu, il n'en est pas moins vrai, incontestable, qu'avant tout, il faut deux moyens principaux, essentiels : *vouloir* et *pouvoir* ; le premier va tout seul et fait rarement défaut; le second est autre chose, et n'appartient qu'à celui qui possède les moyens nécessaires de satisfaire aux exigences que l'ambition s'est créées.

L'ignorance complète est un mal aussi à craindre qu'une instruction et une éducation ébauchées ou demi-éducation. L'homme est d'autant plus dangereux pour la société qu'il est tout-à-fait ignorant, ou qu'il a la sotte prétention de savoir autant, et souvent plus que ceux qu'il ose regarder comme ses égaux, et dont il se trouve fort éloigné. Qu'est-ce qui lui inspire donc cette aveugle prétention ? C'est son orgueil, l'une des taches inhérentes à l'homme, que nous ne croyons pas un vice social, ainsi que quelques-uns le prétendent, sans toutefois nier que la civilisation ne lui donne un nouvel essor.

Maintes fois nous avons remarqué que les hommes véritablement instruits, savans, comme on le dit dans notre village, sont ceux qui se font remarquer par une grande simplicité, et toutes sortes de bonnes qualités civiles et morales, tandis que les demi-savans, qui connaissent peu de chose, ou qui ont retenu certains mots de langues mortes appris dans les colléges, sont vraiment, pour eux-mêmes et pour les autres, des causes d'embarras et de complication dans toutes les affaires.

Oui, certes, nous le reconnaissons, l'instruction, l'éducation complètes sont un trésor pour ceux qui le possèdent; elles donnent l'essor aux grandes imaginations, développent certains génies qui creusent des sources où la société va plus tard puiser les moyens de se procurer son bien-être; mais aussi, à côté de ces rares trésors, combien d'hommes ont, par toutes ces notions mal digérées, forgé eux-mêmes les instrumens de leur ruine ?

L'éducation, en général, est une échelle que tout le monde veut monter; mais, hélas ! quelque belle qu'en soit la perspective, elle tend souvent à déplacer trop de conditions; aussi, combien de sacrifices d'imprudens parens ne font-ils pas au-delà de leurs forces pour leurs enfans ? dont quelques-uns, une fois lancés, parviennent à obtenir, sinon par mérite, mais toujours avec de l'argent, certains titres ou diplômes, dont la jouissance représentera à peine, terme moyen, le vingtième du capital dépensé, tandis que d'autres jeunes gens sont obligés, par diverses causes, de rester en route ou de retourner au point du départ, où presque jamais la vanité et l'orgueil ne leur donnent rendez-vous !

Qu'on juge alors de ce que pourront devenir ces malheureux jeunes gens ? L'amour-propre blessé empêche de redescendre, et si le besoin force à se fixer dans une position inférieure, on regrette souvent ce que l'on n'a pu obtenir, en maudissant son sort actuel.

L'éducation, pour être généralement productive, devrait donc être mesurée sur l'étendue des facultés de l'individu, qu'on bornerait à ne recevoir que celle qui lui conviendrait pour son état, dans sa position de fortune.

Que de jeunes gens vont aux écoles secondaires acquérir des connaissances qui, plus tard, ne leur serviront que pour mieux parler le français. Il faudrait que l'étude des élèves fût spéciale pour le plus grand nombre, c'est-à-dire, que pour les arts, le commerce et l'industrie, les élèves reçussent d'abord, dans les écoles communales, une bonne éducation première, et ensuite, dans les écoles spéciales, tout ce qui aurait rapport à l'état auquel ils se destineraient. On aurait, par ce moyen, des commerçans plus intelligens et des ouvriers moins routiniers. Une plus grande perfection dans le travail, en excitant l'émulation, deviendrait un bon exemple pour quiconque désirerait l'imiter.

On sait que certains titres honorables paraissent séduisans et peuvent être facilement enviés pour l'honneur et la considération qui y sont attachés, et qu'avec ce palladium, ce prestige enchanteur, on est quelquefois conduit à la fortune ; mais, si on calculait bien l'avantage qui en résulte, si on comptait combien, sur un nombre donné, il existe d'individus qui arrivent au prétendu port de la félicité, on reconnaîtrait qu'il n'y en a qu'une fraction très-minime, et que le reste vit mal, plus mal que s'il fût resté dans l'état normal d'où l'ambition l'avait tiré.

Si le nombre des jeunes gens qui se destinent au barreau, à la médecine, augmente chaque année d'une manière aussi effrayante et surtout d'après les récentes créations de chaires dans les principales villes de province, que deviendra la société ?

Malheur au pays où il existe tant d'hommes de loi ! A la vérité, il faut au nôtre, armé de ses cinquante et quelques mille lois, décrets et ordonnances, depuis 1789, des hommes pour parler et écrire pour et contre, puisque le propre de l'espèce humaine est de voir tantôt blanc, tantôt noir. Les récentes lois municipales, celles de la garde nationale, d'administration communale et départementale, et les diverses lois particulières qui éclosent chaque jour, occuperont un bon nombre d'avocats. Les autres attendront qu'on leur ait fait place pour parler ; ils suivront les tribunaux ; leur titre sera pour eux une certaine petite jouissance morale, et ne servira qu'à les faire remarquer dans la foule ; mais ils devront prendre patience ; avec du courage, de la persévérance, on vient à bout de tout. L'épreuve, il faut l'avouer, sera un peu dûre. Il n'est pas rare, en effet, de voir certains jeunes avocats *stager* non seulement deux ans, mais cinq et même dix années, et à peine sait-on encore comment s'écrivent leurs noms ? Serait-ce donc que quelques-uns trouveraient qu'il est plus commode de se taire devant nos messieurs de la robe noire, en présence d'un public vulgaire, de s'asseoir gravement et de jouer ainsi le noble rôle d'*avocat-auditeur ?* Telle est cependant l'esquisse d'une partie du tableau de notre savante et brillante *Société-Robée.*

Messieurs les médecins et les officiers de santé sillonnent de jour et de nuit les villes et les campagnes : il y en aura

bientôt plus que de malades. Chaque bourgade a son médecin et son pharmacien. C'est, du reste, un bien pour l'humanité; et on peut croire, en sûreté de conscience, que ces
braves gens n'iront pas, pour leur intérêt, déranger nos
santés, comme d'autres, pour le leur, embrouillent nos
pauvres affaires.

Mais où donc placer, à l'avenir, les élèves d'Hypocrate et
de Thémis ? Au gouvernement seul, comme puissant pouvoir, appartient le droit de résoudre souverainement cette
importante question.

Nous pensons qu'il y aurait peut-être un moyen de diminuer le nombre de toutes ces professions.

En ce qui concerne les avocats : il faudrait exiger pour les
fonctions de notaire, avoué, le titre de licencié en droit.
Beaucoup de jeunes gens, sachant que le notariat serait d'autant plus productif que l'homme qui l'exercerait, serait plus
instruit, ne balanceraient pas à quitter la robe et à renoncer
au fragile honneur de porter quelquefois la parole sur des
matières sujettes à tant de controverses.

Les charges d'avoués sont aujourd'hui occupées, en général, par des jeunes gens dont le plus grand nombre n'a
d'autre mérite que celui d'avoir passé plusieurs années chez
un avoué et suivi, pendant une année, un cours de procédure; mais il en est, il est vrai, d'autres qui joignent à leur
imagination praticienne, des connaissances variées qui en
font des hommes intéressans. Ces charges seraient moins en-
viées, et d'autant mieux qu'elles ne seraient dues d'abord
qu'à une instruction démontrée; car, aujourd'hui, avec
vingt-cinq ou trente mille francs, on *forge* un avoué de pré-
mière instance. L'avoué-avocat en serait plus *concluant*,
seulement, il s'assiérait un peu moins en avant que l'avocat proprement dit; mais en revanche, il jouirait d'un banc
dont le haut lucre établirait toute juste compensation.

En ce qui concerne les médecins :

Nous pensons qu'il serait bon, utile, dans l'intérêt de la

science comme dans celui de l'humanité, de supprimer, à l'avenir, le titre d'officier de santé. Un docteur-médecin, auquel on impose bien des années d'une étude laborieuse et que l'on soumet à cinq examens sérieux, sans y comprendre la thèse, est un gage précieux et rassurant pour la société; tandis qu'on ne demande à l'officier de santé que de simples notions sur l'anatomie, quelques plantes médicinales, la médication, les légères opérations, telles que la saignée, et sur les accouchemens qui, d'ordinaire, sont l'œuvre des sages-femmes et plus souvent celle de la nature.

En province, dans les campagnes surtout, il suffit de faire de la médecine pour que tout le vulgaire vous décore du titre de médecin : on ne fait aucune différence entre un docteur-médecin et un officier de santé; cela n'est pas juste; il n'y a pas là de garantie pour les droits chèrement acquis des docteurs-médecins.

Autrefois, l'art de guérir se divisait en deux branches : la médecine proprement dite et la chirurgie. On était souvent dans l'obligation d'appeler auprès d'un malade deux hommes de l'art. On a supprimé les deux écoles ou plutôt on les a fondues, pour n'élever ensuite qu'une seule chaire, et on a eu raison. On a sagement pensé que cet art devait être dans la main d'un seul homme qui réunirait, autant que possible, toutes les connaissances de la médecine en général, et qu'étant bon médecin, il devrait nécessairement être bon chirurgien et réciproquement.

Comment se fait-il qu'on établisse encore, de nos jours, et après une première et puissante amélioration, surtout en temps de paix, deux catégories de gens de l'art? Nous n'y concevons rien, sinon l'idée qu'on a eue, sans doute, de placer la médecine à la portée de toutes les conditions. L'idée, il est vrai, paraît louable d'abord, mais le but principal qu'on a dû se proposer, a-t-il été obtenu avec avantage? Nous nous refusons à le croire. Les maladies, quoique d'un caractère connu, se compliquant souvent d'une manière ef-

frayante, ne se prêtent pas facilement à la mesure des connaissances du curateur-diplômé; et la famille paie fréquemment de ses larmes une honteuse et barbare économie.

On nous objectera que ce n'est pas toujours le titre qui
donne la science, et certes, nous le savons bien; mais il la
fait supposer et devient un gage d'espérance pour l'humanité qui a besoin de consolations autant que de médications.
Nous avouons néanmoins, pour être vrai, qu'il existe des
exceptions. Nous connaissons des personnes dont le savoir
est supérieur à celui qu'indique leur titre. Nous rendons, à
ce sujet, hommage à leurs talens et à leurs lumières.

Les préliminaires de la confiance due à l'homme public,
quelques talens qu'il ait, sont, sans contredit, la politesse,
l'urbanité; or donc, celui qui ne peut prendre sur lui un
acte qui coûte si peu et rapporte tant, est exposé à se voir
préférer quelquefois l'homme qui n'aura pour avantage do-
minant que cette civilité dont les attraits charmans savent
toujours séduire la sensibilité humaine.

Ce signe de révérence extérieure se rencontre généralement, mais fait quelquefois défaut et donne lieu également
à des exceptions que nous connaissons. Il est des personnes
auxquelles nous portons beaucoup d'intérêt, et qui, quoique
courbées sous le poids admirable de connaissances humaines,
n'ont pu encore maîtriser l'effet involontaire, soit d'un
indomptable caractère, soit d'un vice d'organisation.

En général, l'homme qui fonde son existence sur une
profession libérale ou autre, ne devrait jamais perdre de vue
l'immutabilité de la règle qui concilie les suffrages et forme
si rapidement les liaisons.

Pour celui, au contraire, dont le sort est assuré et auquel
la loi, dans des circonstances prévues, force de recourir, il
n'en est pas toujours de même, et il n'est pas rare de rencontrer de ces hommes publics allier à la brusquerie de leur
caractère, des talens qu'on désirerait voir précédés d'un cor-
tége plus doux.

De toutes nos forces, nous appelons l'œil *amélioratif* du gouvernement sur le sort des professions que nous venons de désigner. Elles y gagneront et la société inquiète se rassurera.

Il est assez rare, de nos jours, de voir se perpétuer les états, les mêmes professions dans les mêmes familles. Un fils hérite de son père, mais non de sa profession. Les transitions d'un état à un autre sont à l'ordre du jour. Tous ces déplacemens engouent les hommes et encombrent toutes les allées. Le Français, avec son caractère de mobilité, ne peut tenir en place. Francs que nous sommes, nous prenons notre part dans le procès que nous intentons à nos frères. Le prétendu bonheur, après lequel nous courons tous, n'est jamais assez chez nous : à nos yeux, notre voisin en est le seul possesseur.

Après bien des réflexions, nées de ces vicissitudes humaines, nous nous sommes posé à nous-même les capitales questions suivantes :

Est-il prudent et politique que le gouvernement ouvre, les yeux fermés, les portes de l'enseignement à tout venant ?

La loi, en obligeant les communes à payer et loger gratuitement des instituteurs pour instruire toute la jeunesse, en fera-t-elle de meilleurs citoyens ?

Ou bien l'instruction en général devrait-elle être libre ?

En présence des lois, des sentences de nos grands hommes d'état, de nos faiseurs de politique, de nos tendres philantropes qui portent en toutes lettres :

> « Instruisez le peuple et vous le moraliserez ; versez-lui sur
> » la tête l'instruction, ce sera pour lui un second baptême, »

Nous devons paraître téméraire, venir de bien loin et sortir des langes du moyen-âge ; une réprobation générale doit anéantir notre faible voix en opposition avec les lumières du siècle, qui finiront peut être, hélas ! par éblouir le gouvernement.

Quoi qu'il en soit, nous nous sommes trop avancé pour reculer. Si nous avons eu le courage (quelques-uns diront sans doute l'imprudence) de faire tête à l'orage, de nous raidir moralement contre la loi, nous aurons celui d'exprimer franchement, hautement, notre idée, notre profonde conviction.

Il y a pour et contre dans ces questions d'une aussi immense portée; une plume habile le démontrerait savamment. Quant à nous, nous ne doutons pas que s'il arrive bientôt un terme où il n'y ait plus de place pour l'écoulement des flots toujours croissans et inquiétans de notre ardente jeunesse, on ne soit obligé, sinon de fermer, au moins de ne rendre accessible l'entrée de nos principaux temples de l'instruction qu'aux élèves réunissant les deux conditions essentielles que nous avons précédemment établies.

Nous désirerions que l'instruction élémentaire seulement fût libre, sans privilége, à la charge par l'instituteur de justifier de son brevet de capacité et de ne rien apprendre de contraire aux lois : le tout sous la surveillance de l'autorité municipale et du curé.

Comme il y a heureusement bon nombre d'hommes qui possèdent chacun un petit coin du sol, il vaudrait mieux les y attacher; on en ferait de meilleurs citoyens, de meilleurs patriotes , au lieu qu'on s'expose à n'en faire que de beaux esprits, et malheureusement, quelquefois des pendards, des inspecteurs de pavés et de bourses, enfin de ces misérables, la terreur de la société et la honte du gouvernement.

L'instruction, présentée de loin à une jeunesse sensible, comme étant la pomme d'un second paradis terrestre, mais n'existant que dans les imaginations, peut lui devenir plus tard très funeste.

L'idée d'une *émancipation intellectuelle* est le moyen infaillible de créer bien des hommes remuans et tracassiers qui peuvent devenir plus tard de terribles instrumens de désordre, et ces mots donc : *émancipation intellectuelle* (termes magiques, aux yeux des masses), sont pour nous le synonyme de ceux-ci : *insubordination civile.*

Les trois quarts de la jeunesse qui, ne sauront jamais que lire sans discernement, disposeront de ces milliers de livres et libelles à vil prix, qui inondent nos villes et nos campagnes, et trouveront, dans ces lectures, des conseils ou avis perfides qui, en la détournant de la voie de sagesse, lui inspireront des idées de mépris, soit pour les hommes publics, soit pour les choses qui font les mœurs d'une société.

Qu'on ne nous cite pas l'Allemagne où l'instruction paraît se répandre avec profusion ; les mêmes choses ne peuvent convenir également à deux peuples si différens pour le caractère, les usages et les lois.

L'objection sans cesse mise en avant par nos hommes officiels, dans un but fort louable, du reste, consiste spécialement à représenter le côté vicieux de la population, en publiant, du haut des tribunes, que la plupart des crimes et délits sont le plus souvent commis par ceux-là même qui ne savent ni lire ni écrire : on ne dit rien, ou presque rien, des méfaits de savans qui connaissent bien autre chose que leur A, B, C, D.

Ceux qui, au premier coup-d'œil, paraissent les plus civilisés, ne nous semblent pas, pour cela, plus exempts de ces crimes qui font frémir; et quoiqu'il nous soit pénible de dire toute la vérité sur notre pays, nous ne pouvons reculer en présence de faits authentiques. Voici une comparaison d'où l'on tirera la conséquence que l'on voudra.

La Normandie, riche par son commerce et ses produits agricoles, est habitée par un peuple d'une taille avantageuse, d'un beau sang, un peu fier et dédaigneux, élégamment vêtu, se nourrissant bien, sachant généralement lire et écrire, écoutant peu les sermons de ses pasteurs, parlant beaucoup de politique et de liberté. Mais ici malheureusement sont commis bien des crimes, vols, assassinats, faux, empoisonnemens, incendies, etc., etc. Les cours d'assises ont donc

souvent à statuer sur des faits d'une haute gravité entraînant la peine capitale.

La Bretagne est un pays essentiellement agricole, peu commerçant, peuplé d'hommes d'une petite stature, à traits peu
favorisés de la nature, sachant généralement peu lire et
écrire, assez mal habillés et nourris, plus pieux et plus po-
lis que le Normand, et suivant aussi peut-être mieux que lui
les instructions de la famille et du curé; mais là, on rencontre peu de ces grands crimes qui font trembler.

D'où vient donc cette différence chez deux populations
voisines et contiguës ?

Le Normand semble généralement plus éclairé, plus civilisé; le Breton le paraît moins, et au fond, l'est beaucoup
plus que le premier.

Que tous les Français sachent lire et écrire aujourd'hui,
et on verra si, demain, il n'y aura pas autant d'actes répréhensibles ! C'est un fléau dont la société ne pourra jamais
entièrement se débarrasser. L'espèce humaine apporte malheureusement en naissant l'instinct, la propension de s'approprier ce qui lui tombe sous la main pour satisfaire ou ses
premiers besoins ou son esprit de rapine, ou toute autre
passion qui la domine. Notre nature, on le sait, a grande-
ment besoin d'être gourmandée, policée.

Qu'on supprime la justice humaine, les voleurs, les méchans, instruits ou non, sans tenir compte de la justice di-
vine, s'empresseront aussitôt de décimer en tous sens; et c'est
en présence d'un tel spectacle qu'on osa naguère réclamer
l'abolition de la peine de mort ! Oh ! qu'on a eu raison de
repousser une proposition qui, quoique honorable pour son
auteur, tendait à rompre le chaîne qui retient tant de cruelles passions.

Non : ce ne sera point quand tous les hommes ne sauront
que lire et écrire qu'ils seront plus moraux; il en résultera
seulement un bien particulier pour chaque individu : savoir
lire et faire une lettre ne change en rien le caractère de

l'homme enclin au mal; il faut bien autre chose pour en faire une créature, sinon parfaite, au moins plus morale et moins offensive. Il faut une bonne éducation première puisée: 1o dans le bon exemple de la famille; 2o dans la moralité et la conduite de l'instituteur; 3o dans les instructions de ceux qui ont la haute et noble mission de diriger les âmes de leurs frères dans la voie de justice et d'équité. Ainsi placé, au milieu de guides sûrs, l'homme s'égarera moins.

Nous ne reconnaissons donc de bonne, de puissante instruction primaire que celle qui réunira les trois conditions ci-dessus ; conditions essentielles qu'on ne rencontre pas généralement, faisant la base du premier degré de l'éducation, qui devrait satisfaire tous les besoins des masses si elles étaient assez sages pour s'en contenter. Les autres degrés d'instruction ne devraient être abordés que par ceux qui possèdent des facultés intellectuelles et pécuniaires, et non par une foule aveugle et insignifiante qui veut tel état, telle place, parce que telle est son idée , son ambition, sans se connaître et savoir si elle est faite pour le but qu'elle veut atteindre.

On aurait grand tort de nous accuser de blâmer l'instruction; autant que qui que ce soit, nous la vénérons et l'admirons. Notre vrai plaisir est de rencontrer dans le monde des hommes véritablement instruits dans le commerce desquels nous ne pouvons que profiter.

Le désir de la science est, pour la société, fort honorable; il prouve, dénote un sentiment d'élévation ; mais , comme avant tout, il faut penser au nécessaire, qu'on peut appeler *existence matérielle*, cette noble ambition doit avoir un terme; et ce que nous condamnons hautement, avec notre franchise accoutumée, c'est *l'ambition de tout le monde pour toutes les choses de ce monde !*

CHAPITRE IV.

Des honnêtes industriels.

Indépendamment des mesures que nous avons indiquées et que nous croyons devoir être adaptées aux besoins des masses et à l'intérêt des spécialités, nous croyons qu'on devrait s'occuper immédiatement, plus qu'on ne le fait aujourd'hui, de purger nos grandes villes, notre admirable capitale, de ces bandes qui les dévastent la canne ou le poignard à la main.

Paris possède peut-être 8 à 10 mille voleurs dont beaucoup, à leur encolure, pourraient être pris pour de riches et puissans fashionables, tandis que d'autres portent, au premier aspect, l'indélébile cachet du crime. Ces messieurs n'ont d'autre talent que celui qu'ils forcent à payer sans marchander. Ils exploitent en tous sens, dans tous lieux, à toute heure du jour et de la nuit, par tous les moyens qui leur sont familiers, les personnes isolées ou pressées dans la foule, ou tout marchand débonnaire qui se sera laissé endormir par un de ces honnêtes industriels.

Que cette France, dont l'empire agit si puissamment sur le monde entier, et que nous signalons chaque jour comme la terre la plus douce, possédant la plus civilisée des nations, renferme, hélas! dans son sein, de milliers de gens sans aveu, de loups-cerviers! que notre situation est déplorable!

Quoiqu'il y ait, dans ce moment, peu de sécurité pour la société, il y en aurait bien moins si une garde immense, bien disciplinée, ne veillait incessamment à la conservation des personnes et des propriétés. Mais cette garde, telle qu'elle existe, est, selon nous, loin de remplir le but pour lequel elle a été créée. On connaît le signalement des malfaiteurs, que d'actifs agens suivent infructueusement à la piste. On sait qu'un grand nombre de ces individus, ne possédant rien, se lèvent tous les jours sans savoir où prendre leur premier aliment. On voit cependant ces agens circuler en tous sens, en attendant le moment opportun de les saisir, soit en flagrant délit, soit sur plainte ou dénonciation. Que de vols et de crimes restent alors impunis ! Un droit de surveillance de la sorte est, pour le public, une duperie, une ineptie inconcevable, une mesure ruineuse pour l'état et lourde pour les contribuables.

Qu'il existe, dans un lieu quelconque, un loup, un sanglier ou toute autre bête malfaisante, chacun s'empresse de la chasser pour la détruire, sans rester l'arme au bras et attendre patiemment que l'animal ait dévasté une récolte ou dévoré quelque tête de bétail.

Pour nous purger de ces humains voraces, de cette lèpre, pour laquelle on devrait créer des maladreries, nous n'entendons pas qu'on doive tuer qui que ce soit, mais nous voudrions que de vigoureuses mesures fussent immédiatement prises. Nous désirerions, par exemple , que le moyen suivant pût être appliqué.

En demandant à tout individu sans feu ni lieu réel, compte de son temps et de ses moyens d'existence, ne serait-ce point porter atteinte à la loi individuelle ? Nous ne le pensons pas, nous n'y verrions qu'un grand bien pour la société qui a le droit d'expulser de son sein tout être malfaisant. L'individu qui ne se conformerait pas à la loi de sûreté, devrait être détenu et utilisé , ou remis, sous caution, à toute personne connue, ou enfin rendu à sa famille en état de le recevoir.

Tout homme sur terre doit remplir son rôle quelconque d'utilité, il ne doit jouir des bienfaits de la société, de la grande famille, qu'à la condition de se soumettre à ses prescriptions et d'en supporter les charges.

Si on parvenait à purger entièrement, ou du moins à diminuer le grand nombre des êtres nuisibles, on pourrait véritablement croire avoir fait un grand progrès; mais, hélas ! combien resterait-il encore à opérer !

Nous signalons donc cette indispensable amélioration, qui, nous le pensons, sera tentée un jour.

CHAPITRE V.

De la souveraineté nationale et des réformes électorales.

Il existe, en général, dans la société un sentiment d'agitation, de malaise, d'inquiétude, sur le présent et l'avenir.

Si on nous demandait où en est la cause ? nous répondrions : Dans la lutte incessante de la presse avec ses diverses couleurs. L'une excite, enflamme les mauvaises passions; l'autre, sentinelle vigilante, s'efforce de combattre ces imprudens novateurs, qui voudraient précipiter la société dans l'abîme.

La presse est puissante, nous l'avouons; elle prétend que le peuple a besoin, a une soif dévorante des nouvelles de l'état. Sans doute, qu'il est naturel à l'homme de désirer connaître ce qu'il ignore, d'apprendre du nouveau, surtout ce qui peut piquer sa curiosité, et toucher à ses intérêts que sont chargés de protéger les hommes honorables de la députation. Il vaudrait mieux pour lui, qu'il n'apprît que ce qui l'intéresse réellement, et se mêlât moins de questions politiques qu'il ne peut comprendre.

La mauvaise presse, celle qui mérite l'*index*, exagère et salit tout ce que sa plume peut atteindre; elle parle au nom du peuple, dont, au fond, les intérêts ne la touchent guère, et est persuadée que toutes les classes auront pour elle une sympathie marquée, qu'elles lui prêteront un puissant appui : cette presse d'opposition illégitime compte sur la faiblesse d'une grande portion de la société qui accueille trop souvent avec aveuglement et avec une certaine faveur, les écrivains qui paraissent veiller à la défense de ses libertés, et entretenir son esprit de défiance.

Cette presse, sous le voile d'une opposition légitime, se met en guerre ouverte avec les lois et les institutions de notre pays, pour lesquelles elle feint le plus grand amour. Elle n'attaque, en apparence, que les hommes dépositaires du pouvoir; mais, en réalité, c'est sur le principe, sur la base même du gouvernement que portent ses coups. Ce n'est donc pas une opposition franche et loyale, comme il en faut une, même dans l'intérêt du gouvernement; c'est une opposition systématique qui tend à détruire le pouvoir qu'elle n'aime pas, et la preuve qu'on peut en donner, c'est que toujours elle poursuit l'homme qui marche sous une autre bannière que la sienne, et blâme ses actes.

On ne change pas aussi vite que le croient ces réformateurs, ces radicaux à tout prix, les usages et les lois d'un peuple. La raison publique seule use et détruit ce qui ne lui convient plus; mais sait respecter tout ce qui est empreint de son puissant cachet.

Quand nous verrons des hommes d'état, auxquels appartient la noble mission de traduire et de représenter les besoins des peuples, s'associer, se réunir en grand nombre, élever leurs voix, demander, dans un langage en harmonie avec nos habitudes légales, le redressement d'erreurs attachées à la faillibilité humaine, le rapport complet ou la révision des lois, dont l'application aura été reconnue vicieuse; quand, disons-nous, le gouvernement aura été averti des quatre parties du royaume, par cette immense société d'hommes qui donnent le ton, auxquels appartient le premier pas dans la grande famille, que les masses ont besoin d'améliorations morales et politiques, oh ! alors il sera urgent, indispensable, de réviser, de créer et de marcher avec le temps, qui commande aux nations, et enfante de son gré d'impérieuses nécessités.

Mais tant que nous ne verrons que quelques hommes isolés, de parti, implantés çà et là au milieu de trente-quatre millions d'hommes, ou quelques feuilles de papier couvertes de signatures la plupart insignifiantes, et presque toutes enlevées à la bonne foi par adresse ou supercherie, demander des réformes politiques absolues, il n'y aura rien à tenter, rien à répondre.

Et ce qu'il y a de bien déplorable, c'est d'avoir entendu, en mai dernier, certains députés proclamer à la tribune :

> « La pacification des esprits n'aura lieu que par une réforme » électorale, etc. Lorsque la démoralisation envahit les clas- » ses supérieures, les bonnes mœurs et la vérité, les vertus » privées et publiques se réfugient et se concentrent dans les » classes populaires; c'est enfin par les masses que les réfor- » mes morales s'opèrent. »

On doit être plus qu'étonné de voir ainsi raisonner les hommes chargés spécialement de porter la paix dans les esprits, de les rassurer.

Injurier gratuitement les classes supérieures, n'est pas un acte tolérable dans la bouche d'hommes qui, sans doute, n'ont pas la prétention de se délier de leur solidarité, avec une classe à laquelle ils appartenaient déjà avant leur mandat de législateurs.

Ajouter que c'est dans les masses que se trouvent uniquement la vertu sociale, la lumière, la vérité, est une assertion tellement hardie, exagérée, qu'on est porté à croire que la chaleur de mai aura pu altérer la raison des orateurs.

Grande est votre erreur, Messieurs les députés; si nous avions l'honneur de connaître votre vie politique, nous parviendrions, sans peine, à découvrir les petites blessures qui vous font crier et prendre le change, en vous servant du nom de la masse populaire plus modeste que vous ne le pensez, et qui n'a pas la sotte prétention de posséder exclusivement toutes les grandes vertus que vous avez publiquement énumérées.

Vous errez encore plus fortement lorsque vous dites :

> «La réforme électorale peut seule pacifier les esprits.»

L'esprit public n'est peut-être pas aussi malade que le vôtre et celui d'hommes qui ont vos principes. Si vous compréniez bien votre mission, vous ne viendriez pas à la tribune tenir un langage irritant, inquiétant, que tout le monde entend. Nous vous refusons le droit de proclamer que les esprits sont dans un état de crise alarmante, de guerre ouverte. Soyez, Messieurs, vous-mêmes, vos propres médecins.

A aucune époque, nous le pensons, la monarchie française, les grands corps de l'état, la justice, et tout ce qui entre en première ligne, comme classes élevées, supérieures, n'ont été plus morales que dans ce moment.

Ce n'est pas d'aujourd'hui qu'on est convaincu que le peuple se modèle pour la *forme* et le *fonds* sur ses supérieurs, car le peuple est un grand écolier. Les lumières, le bon exemple et la vérité viennent ordinairement d'en haut et plus rarement des classes inférieures.

Nous connaissons la ruse de messieurs les réformateurs, et mieux encore celle de quelques braves journalistes. Ces derniers imprudens et dangereux publient par toute l'Europe :

> « Peuples, vous êtes souverains : vous avez bien des droits,
> » des besoins à satisfaire. C'est nous qui nous chargeons de
> » porter la parole pour vous à la tribune nationale; c'est nous
> » qui avons mission de vous éclairer, de critiquer les actes de
> » vos gouvernemens, et le tout dans votre unique intérét.
> » (Pure déception.) »

Il n'en faut pas davantage pour agiter et troubler notre belle patrie. Pernicieux journaux, vous vous dites créés, ou plutôt, vous vous créez vous-mêmes, au nom du peuple et pour le peuple; vous mentez à vos larges consciences. Votre première idée a été celle du séduisant délire, de la spéculation, à l'aide de laquelle vous exploitez, à l'aise, la curiosité de ce pauvre peuple qui est assez bon pour imposer journellement sa poche, en resserrant ses nécessités domestiques, afin de se procurer des écrits où sont tracées mille absurdités que vous autres, gens de presse, appelez de grandes vérités, et que vous avez bien soin d'appuyer de noms fameux, dont le perfide patronage éblouit et enflamme le gros des lecteurs de facile composition et croyant tout à la lettre.

Sur cent personnes qui lisent les journaux, il y en a à peine la moitié qui comprend, peut discuter, comparer et asseoir une opinion libre. L'autre moitié ne comprend rien ou fort peu de chose ; et encore sur cette dernière fraction, y a-t-il, au moins, les trois quarts qui croient bien penser, parce qu'ils ont lu et pris une inspiration dans leur journal. Nous croyons, d'après nos observations, pouvoir assurer que la plupart des hommes se nourrissent de l'esprit du journal auquel ils sont abonnés ; que, sans ce guide, souvent infidèle, ils auraient, en suivant leurs propres lumières, leur pensée intime, une opinion toute autre que celle qui leur a été suggérée.

Qu'il est fâcheux qu'il puisse exister une presse meurtrière, sans conscience aucune. Son âme vénale la porte à écrire souvent dans le sens qui lui est le plus profitable et selon le gré de son directeur. Que penser de pareils écrivains qui présentent splendidement aux avides et aveugles masses des changemens à opérer et des chimères à espérer ?

Dieu merci, la société, au fond de son âme agitée, sent le besoin du calme et n'est pas aussi inquiète qu'on le croit, qu'on le publie. Un certain nombre de ses membres est loin, il est vrai, d'être animé d'un esprit sage, modéré, et tient à gloire de s'annoncer publiquement par des idées tendant à faire triompher ses projets de subversion. Que demande-t-on donc ? N'existe-t-il pas une liberté compatible avec notre état social actuel ? La liberté est un mot journellement prononcé par la multitude, et qui est à peine bien compris et défini par quelques-uns. Par ce mot de liberté, on ne doit entendre que cette faculté qu'a tout homme, suivant ses moyens physiques et moraux, de penser, parler et agir sans nuire à ses frères ; autrement, cette liberté, dont on fait tant de bruit, ne serait plus qu'un droit de brutalité, que la morale publique et les lois ou l'esprit des peuples ne cesseront de réprouver. L'égalité devant la loi, ne l'avons-nous pas ? Mais l'égalité de condition et de fortune, sera-t-elle possible ? Jamais. L'homme serait plus qu'absurde s'il osait faire des vœux pour l'obtenir ; il serait fou et mériterait l'honneur d'un Charenton.

Le peuple n'a-t-il pas toute la somme de bonheur que peut comporter notre époque actuelle ? Quels changemens depuis cinquante ans ! Il est bien nourri, très-bien vêtu ; les étoffes les plus fines ne couvrent-elles pas toutes les classes indistinctement ? A notre avis, il y a peu de choses à désirer encore pour le bonheur matériel du peuple. L'imagination est donc la seule en jeu ; et les biens qu'on veut lui faire convoiter ne sont que des chimères.

Nous le demanderons à tout homme de bonne foi, sans arrière-pensée aucune, si les grands politiques, à vastes entrailles, agissent autant dans l'intérêt du peuple que pour satisfaire leur *humble* vanité, leur *modeste* orgueil de prétendus grands citoyens ; et s'ils n'ont pas en aide tous les moyens vantés par cette douloureuse et éhontée fraction de la presse, de la plume de laquelle découlent à flots les traits de violence et d'atroces perfidies contre tous les hommes honorables qu'elle n'aime pas, et particulièrement contre les plus dignes uniquement, parce qu'ils se trouvent dans un ordre plus élevé. Cette presse va plus loin ; elle a quelquefois la témérité de franchir certaines limites d'un intérieur et de publier ensuite, d'un bout du monde à l'autre, le résultat de ses investigations. Avec des écarts, des persécutions de la sorte, combien il est difficile de trouver des hommes qui osent se résigner à de si cruelles épreuves, en acceptant des fonctions publiques ? Si la vie publique de l'homme nous appartient, et que nous puissions légalement la disséquer au grand jour, sa vie privée doit être sacrée et son foyer à jamais impénétrable.

L'influence des mauvais journaux est bien plus dange-

reuse que celle de certains petits esprits fougueux, dont la parole, pleine de fiel n'a pas la force de sortir de l'enceinte de leur cité. Quelques-uns de leurs rédacteurs, favorisés de la nature, ont trop souvent le fâcheux privilége d'exercer leur esprit de critique en délayant élégamment sur le papier de ces phrases que l'art sait arrondir, mais en cachant, au fond du tableau, un poison que l'œil de tout lecteur n'aperçoit pas. On suppose des arrière-pensées au gouvernement, en publiant des faits dont la fausseté ou l'invraisemblance sont bientôt reconnues ; en outrageant un ministre, on offense le gouvernement : celui-ci est un être collectif comparable à un particulier, avec cette différence que l'injure, la calomnie acquièrent un plus grand degré de perversité, en raison de la haute position de l'être outragé.

De nos jours, dans un monde civilisé comme le nôtre, il est inconcevable que de pareilles choses puissent être tolérées. Ecrivains, critiquez les actes publics des agens du gouvernement, faites de la polémique de bonne foi ; c'est là votre droit. Blâmez ce qui mérite de l'être à vos yeux, mais que votre parole soit civile et non injurieuse. Efforcez-vous de redresser l'erreur ; et comme la bonne foi doit toujours être supposée avoir présidé aux actes publics, n'employez donc pas de ces expressions amères, outrageantes, qui ne trouvent d'écho que chez le sot vulgaire et les ennemis du gouvernement, et qui tendent (vous le savez bien) à déconsidérer, à affaiblir le pouvoir qui veille sans cesse à votre propre conservation comme à la nôtre.

Vive la presse morale, sage, d'une opposition consciencieuse, qui poursuit l'erreur et non les hommes, qui n'a qu'une ligne, celle qu'indique *le bon sens social*, la ligne droite, dont toute déviation sera impossible tant qu'elle aura pour éternelle devise : *l'ordre* et la *justice*, qui sont la conservation des sociétés ; car, pas de justice sans ordre, et réciproquement. Or, tout ce qui tend à altérer l'une détruit l'autre, et toute société est impossible sans ces deux points capitaux. La presse qui a donc pour boussole les deux mots ci-dessus, est celle que nous aimons.

De même que la presse peut être bonne ou mauvaise, de même les orateurs sont utiles ou nuisibles. Les uns sont guidés par des sentimens bienveillans pour la société qu'ils respectent ; d'autres, hommes de talens, nous l'avouons, sont des ambitieux, jaloux, irrités, qui, pour plaire au peuple, prêchent l'égalité, la souveraineté absolues ; mais qui, descendus de la tribune, se garderont bien d'aller se confondre et se mêler à ce bon peuple qu'on porte dans sa mémoire et non dans son cœur, qu'on exploite aisément en lui parlant de ses intérêts, et dont on ne recherche le suffrage que par pure ambition. Nous ajouterons, pour dire toute notre pensée, que quelques-uns de ces hommes politiques sont, à notre époque, ce que d'autres, dont les noms ne peuvent être cités sans frémir, étaient, il y a un demi-siècle, avec cette différence que ceux-là ne menacent pas encore de la mort comme devant être le salut du royaume, mais en bons citoyens, insinuent poliment :

> « Peuple, on ne vous écoute pas parce que vous n'êtes que
> » dix ; revenez en plus grand nombre, il faudra bien qu'on
> » vous accorde ce que vous avez droit d'exiger. »

On entend des droits politiques, des réformes électorales, car c'est toujours là le grand champ de bataille à l'ordre du jour de ces grands Messieurs.

Et ce n'est pas là faire un appel à la force brutale ? Ah ! Messieurs les politiques, s'il est vrai que vous ayez osé tenir un pareil langage, que vous êtes coupables ! Vous, qui vous posez comme hommes de progrès, d'humanité, vous croyez donc que pour polir la société, l'adoucir, il faille se servir de pareils instrumens ? Hommes perfides, c'est au nom même de l'humanité, c'est dans l'intérêt du gouvernement, dites-vous, que vous conseillez d'agir violemment pour affermir notre trône de juillet ; vous en imposez à la face du monde, vos paroles sont démenties par vos larges consciences où nous croyons voir d'ici, écrits en détestables caractères, les sept mots suivans :

« Haine au roi que nous voudrions culbuter. »

Si, parmi les hommes puissans que nous combattons, il en est quelques-uns qui s'offensent de la liberté que nous prenons de leur dire toute notre pensée, et de l'énergie de nos paroles, qu'ils se présentent ; nous ne fuirons devant aucun d'eux, et leur prouverons que si nous n'avons pas le talent de la défense, le courage, du moins, ne nous abandonnera pas pour combattre leurs erreurs. Ils auront leurs journaux, nous aurons les nôtres ; ils auront quelques amis, nous en aurons plus qu'eux.

Notre humble position les préviendra bientôt en notre faveur et leur prouvera clairement que nous ne pouvons avoir qu'un seul parti, celui de la patrie ; qu'un seul hommage pour la justice et la paix que nous voudrions voir toutes deux éternelles, et que nous savons que le premier devoir d'un citoyen, quelqu'élevé ou obscur qu'il soit, est de ne jamais trahir sa conscience pour écouter la voix de l'ambition, de la fausse politique. Douleur, cent fois douleur pour toute société, tout gouvernement sans cesse en butte aux cris fulminans d'hommes qui s'égarent de la sorte !

Quoi qu'on fasse, nous le savons, la société, comme la simple famille composée de majeurs et de mineurs, possédera éternellement son principe de souveraineté, mais ne le déléguera qu'à la fraction majeure ou intelligente du peuple qui agira sans cesse dans le sentiment du bien général, mieux que si toute la multitude s'y fût mêlée. Cette fraction ne fera rien qui puisse lui profiter à l'exclusion des classes absentes et incapables ; elle aura intérêt à faire le bien, sa conscience s'en réjouira et le peuple la bénira.

Si donc, dans l'état actuel d'infirmité de l'esprit social, le quart, le cinquième, le dixième du peuple s'occupe directement des affaires publiques et agit dans le sens de nos prévisions, à quoi bon tourmenter et détourner de son intérêt privé le surplus de la population ?

Enfin, si, pour appliquer le principe de la souveraineté dans toute son extension, il fallait établir divers degrés de délégation, nous proclamons hautement que cette souveraineté serait, dans ce cas, impossible et tout-à-fait illusoire.

Dans la vie privée, on voit chaque jour la transmission directe ou la délégation des pouvoirs les plus étendus et bien spécifiés par celui qui fait don de sa confiance ; mais, en fait de droits politiques, nous croyons qu'il n'en peut être ainsi.

Le pouvoir, dans le mandat privé, est ou spécial avec cas déterminé, ou général avec énonciation expresse de tous les actes civils de la compétence du mandant ; au contraire, dans le mandat politique par délégation, ainsi que quelques ré-formateurs paraissent le proposer, le pouvoir ne pouvant être limité, devient, par le fait même, immense, se perdant dans le vague, l'indéfini, et ne produit, pour le mandant, au-cun résultat. Un mandat ainsi confié est un pouvoir sans base donné par un aveugle à un autre aveugle qui abuserait à son gré, ou à celui d'insinuateurs, d'une délégation pour l'appliquer tout-à-fait en dehors des prévisions du premier mandant, lors même que celui-ci eût été capable d'indiquer le but de son mandat. La souveraineté nationale, exercée dans ce sens à l'infini, ne serait donc bien évidemment, pour le peuple, qu'une déplorable déception et un men-songe.

Qu'on y prenne garde, c'est une question de vie ou de mort pour la monarchie, c'est l'âme sociale qui ne peut être touchée qu'avec la plus scrupuleuse réserve et non pas ma-niée facilement comme l'entendent certains hommes émi-nemment dangereux. Il est donc bien à craindre que les hommes de comités réformistes, à une époque où existe un peuple inflammable, trop facile à égarer, réussissent dans une folle entreprise dont la portée serait incalculable et funeste à la patrie gouvernée aujourd'hui si paisiblement.

L'expérience, la meilleure des institutrices, nous apprend chaque jour que le peuple, fort instinctif, fort judicieux sur la distinction de son intérêt, voit, d'un œil indifférent, ces offres de droits politiques et ne répond à l'appel des lois existantes et à celui des émissaires de cabales que par le silence et une indifférence absolus.

Voyons comment se passent les simples élections communales pour conseillers-municipaux et officiers de gardes nationales : nous pouvons en parler avec assurance. Nous avons eu plusieurs fois l'occasion d'observer ces innombrables assemblées.

Sur cent électeurs convoqués, vingt-cinq, trente ou quarante se sont présentés : nous en avons compté jusqu'à douze ; un jour enfin, ne pouvant composer le bureau, on a été obligé, faute d'électeurs, d'ajourner les élections et de procéder plus tard à une nouvelle convocation. Le tableau de notre commune peut sans doute s'appliquer à presque toutes les autres.

Examinons encore ce qui s'est passé naguère dans notre cité natale, ville charitable, paisible, où tous les bons sentimens de paix et d'union unissaient depuis des siècles les bons habitans, et où, à une certaine époque d'incertitude pour la nation, un prince reçut une respectueuse hospitalité, qu'aucune ville française, nous nous plaisons à le croire, n'aurait voulu refuser à une si grande infortune. Si, disonsnous, dans un temps gros d'orages politiques prêts à éclater de toutes parts, la foudre révolutionnaire n'est pas apparue au sein de la ville, une simple élection municipale est venue la remplacer et donner naissance à mille déchiremens intestins dont la douleur est à peine calmée et le souvenir est loin de s'effacer.

Chacun de se mettre aussitôt sur les rangs pour combattre avant, pendant et après, une première élection annulée et recommencée : propos outrageans, cabales, intrigues en

tous genres, fusions de sentimens au bel air, libelles et dia-
logues typographiés dont l'un, eu égard à certaines expressions d'une nuance trop vive, a conduit son honorable auteur sur la sellette de la cour d'assises de l'Orne, et de là,
pendant quinze jours, dans un modeste réduit.

Eh bien! nous interrogerons tout connaisseur, tout
homme de bien qui, de bonne foi, a pris part à la lutte
électorale pour l'intérêt de sa cité, comme à celui que la sagesse a retenu à l'écart, qu'ont produit ces petites guerres
d'opinions? Rien, absolument rien de bon qui puisse être
regardé comme un progrès en amélioration; un peu de bénéfice à l'imprimeur, un malin plaisir de mettre en scène un
honnête homme, un parfait honnête homme, en l'honneur
duquel, autrefois, un vaste et long promenoir a été, dans un
clin-d'œil, transformé en une élégante salle à manger, et
où des centaines de citoyens ont fraternisé dans l'union la
plus cordiale.

Qu'ont donc enfin fait éclore nos nouveaux parvenus au
conseil municipal? Ont-ils augmenté la somme de bonheur
dans la ville? Ont-ils trouvé la pierre philosophale et fait
jouir tous les habitans d'un bien-être parfait sans rien payer?
Ont-ils, pour en finir, mieux agi que leurs devanciers? Oh!
nous pouvons, sans craindre d'être démenti, affirmer qu'il
n'est rien de tout cela, et que le prétendu bonheur du peuple, mis en avant par l'intrigue, n'a été qu'un vain prétexte
qu'ont exploité la vanité, l'orgueil, la dévorante ambition
des prétendus restaurateurs nouvellement arrivés.

Mais, d'un autre côté, les amis de l'ordre, les gens sages
ont eu le plaisir de voir apparaître au grand jour la loyale
conduite de cet homme que la calomnie et la jalousie avaient
injustement poursuivi.

Ils ont en outre pu apprécier de nouveau le mérite bien
connu d'un autre personnage distingué, regardé comme
étant la tête de son honorable compagnie, par l'opinion éclai-
rée qui tient dans ses mains la balance ou s'évaluent les
hommes publics.

En résumant tous ces débats, nous aurions désiré n'y voir, comme premier motif d'attaque de la part de l'opposition, que la juste demande en réduction de l'exorbitant tarif des droits d'octroi, et non ces inconvenantes personnalités qui déplaisent généralement.

Combien, dans ces simples assemblées électorales, ne se glisse-t-il pas de ces petits intrigans vulgaires qui sèment la défiance, la calomnie, et escamotent à leur gré le suffrage d'électeurs qui se sont présentés sans trop savoir ce qu'ils ont à faire. Et on pourrait croire que les élus à ce titre sont une image vivante de la représentation communale ? Allons donc, c'est une dérision, c'est le comble du ridicule. Changez donc les hommes ; réformez-les pour que vos lois populaires puissent leur être salutaires. Jusqu'à présent, ces petites lois ont produit peu de bien réel, causé beaucoup d'embarras, et satisfait l'ambition de certaines *individualités* qui n'étaient rien avant 1830, et qui, aujourd'hui, sont encore peu de chose.

Combien encore, depuis l'application de la loi du 21 mars 1831, sont nées de haines ambitieuses, de basses jalousies, fruit de l'amour-propre blessé et d'injures qui ne disparaîtront qu'à la mort ? C'est là un fait public qui ne peut être méconnu.

Examinons ce qui se passe en Angleterre lors des élections : n'y a-t-il pas de quoi rougir à ses propres yeux ? La lutte entre les partis va souvent jusqu'à la mort. Un tel abus d'un droit qu'on n'est pas en état d'exercer, est la meilleure réponse à opposer aux clubs anarchistes et le plus utile tableau à offrir aux méditations de nos vrais et consciencieux législateurs.

Les électeurs seront éternellement l'objet d'obséquieuses insinuations, tant qu'ils ne comprendront pas mieux leurs devoirs de citoyens, et quand les comprendront-ils dans l'acception du terme ? Le mot nous coûte à prononcer. . .
. . . . jamais ! Et pourquoi, nous demandera-

t-on ? Parce que les hommes tendent, à ce qu'il nous semble, d'après la nature des choses actuelles, à devenir de plus en plus vains, orgueilleux, ambitieux ; ce qui les éloignera toujours de ce patriotisme qui fait négliger l'intérêt particulier pour ne s'occuper que de l'intérêt général.

Loin de nous toute idée qui nous porterait à renier le grand principe de la souveraineté nationale : il sera éternellement l'essence du droit imprescriptible de tout peuple civilisé ou non ; mais, c'est parce qu'il est majestueux par lui-même, sublime, que nous voudrions que l'application, pour en être vraie, fût comme lui pure et inaltérable, et que chaque électeur, sous peine d'une forte amende, ne pût influencer qui que ce soit, ou l'être lui-même ; que pour plus de garantie morale, on obligeât tout électeur à ajouter à la suite de la formalité du serment connue, les expressions suivantes : « J'affirme voter avec une conscience libre de » tout engagement. » Oh ! alors il y aurait là plus de sécurité pour la société et de pureté dans l'usage d'un des plus beaux droits de l'homme.

Du reste, dans les élections communales comme dans celles qui leur sont supérieures, ce sera toujours une majorité élective combattue, ou minorité par rapport à la société, qui représentera sans cesse les intérêts de la population, et si une masse imposante d'électeurs s'abstient de prendre part à ces élections, on doit en induire, ou qu'elle a foi dans ceux qui doivent agir pour l'intérêt général, ou qu'elle y est indifférente. Dans l'un comme dans l'autre cas, on croit pouvoir publier que les réformes électorales, le suffrage universel, ne sont que des mots qui inquiètent les électeurs actuels et déplaisent même à un grand nombre de ceux qui ne le sont pas : nous le disons en connaissance de cause, placé, comme nous le sommes, au milieu d'une population de quinze cents âmes dont nous croyons connaître les vœux et les besoins.

La société, quoique tourmentée, comme nous l'avons déjà dit, par les déclamations de la tribune et de la presse, ap-

prend tous les jours à connaître ses vrais intérêts par l'his-
toire de ses voisins, par la sienne propre depuis 1789 ; elle
est sage cette société française, elle sait que la démocratie,
dans le sens le plus absolu, ne serait ni plus ni moins qu'une
vraie république : il n'y aurait que le mot de changé. Nos
mœurs, nos usages, ne sont nullement compatibles avec un
ordre de choses qui produirait les effets les plus terribles, peut-être un troisième supplice après Charles Ier et
l'infortuné Louis XVI.

Peuples, défendez-vous de toutes ces perfides insinuations
que lance, hélas ! journellement du cœur de la France,
une presse sanglante, anarchique. Si vous avez foi dans ce
charlatanisme, vous deviendrez vous-mêmes anarchiques et
vous paierez de votre tête vos aveugles croyances. Sachez
que l'application actuelle de certaines idées subversives
amènerait infailliblement la destruction de notre édifice, de
notre ordre admirable, de l'arche sainte de l'état sur laquelle on ne doit jamais porter une main sacrilége.

Quant à nous, nous ne craignons pas d'affirmer que si à
aucune époque on n'a vu, comme on ne verra jamais, une
unanimité de vues et de moyens politiques, à quoi bon hâter
le temps qui doit amener le plus de dissidence dans les esprits : c'est donc un très-grand mal qu'il faut prévenir et
contre lequel l'immense majorité sage de la nation doit protester de toutes ses forces.

L'adoption du système que nous combattons serait pour
nous une source perpétuelle de révolutions, de guerres civiles et étrangères. Que deviendrions-nous alors une fois
aux prises avec nos frères et les étrangers ? Malheur, hélas !
pour toute grande société, toute monarchie qui traverseront
le siècle où apparaîtra, dans toute son extension, la démocratie populaire.

En définitive, les élections de haut et bas étage, les réformes radicales en politique peuvent en apparence constituer
une certaine force physique, mais qui tuera toujours la force

morale, la seule puissance d'un état, que disons-nous ? du monde entier.

Ce sera donc une très-grande erreur, un danger, d'aller chercher la souveraine puissance dans les masses et non dans cette fraction, on peut dire aujourd'hui immense, qui sert de flambeau, de lustre à ces masses et fait l'honneur et la gloire de chaque nation.

Qui a, de nos temps modernes, élevé le nom français dans les fastes militaires ?

C'est un Napoléon et ses illustres guerriers en promenant triomphalement nos armes sur terre et sur mer.

Qui a fait fleurir les arts, les sciences et les lettres ?

Nos artistes et nos savans.

Où se trouve, dans une simple famille, la prudence, la sagesse ?

Dans les chefs, les père et mère ou tuteurs.

Qu'est-ce qui possède, dans une commune, le vrai du sentiment social ?

Ce sont les riches d'intelligence et d'avoir, les notables, ceux qui en approchent par leur intelligence seule, tout ce qui compose enfin la tête et le cœur de cette commune.

Ce dernier exemple s'applique *a fortiori* au département, à l'état même.

Dans la manifestation d'une pensée, dans l'exercice d'un droit, il y a une idée de sagesse, de morale dirigeante ; où la trouve-t-on ? Ce n'est pas dans les masses brutes, mais bien chez quelques personnes dont l'intelligence et le dévouement sont le gage précieux de l'ordre.

Hommes d'état, qui voulez le devenir réellement, journalistes, gens de lettres en général, soyez les premiers moralistes du peuple ; soyez ses missionnaires civils, revendiquez ce bel honneur ; apprenez à ce peuple ses devoirs avant ses droits ; inspirez-lui surtout la vertu, la fraternité, le respect dû au souverain et à toutes les autorités ; ne les déconsidérez pas à ses propres yeux ; laissez les choses publiques comme

elles sont ; ne l'étourdissez plus de tous vos droits insignifians de politique ; ne lui mettez pas dans la main des armes
pour se suicider ; laissez faire le temps, lui seul amènera
peut-être ce que les hommes sont impuissans à accomplir.

Pour prouver que nous ne sommes pas absolu dans nos
principes, dans nos opinions, nous avouerons que le temps
n'est peut-être pas éloigné où le gouvernement sentira le
besoin d'appliquer avec modération certains droits d'égalité,
commandés par des nécessités, mais faisant exception au
principe de souveraineté ou de réforme générale, que de pru-
dens législateurs devront s'efforcer d'ajourner à des temps
meilleurs.

Ces droits, dont nous entendons parler, s'appliquent à
une classe d'hommes distingués par un caractère public
d'instruction, de moralité; que leur ont donné leurs titres de
magistrats, d'avocat, de notaire, de médecin, etc., etc., à
tous ceux enfin qui figurent sur la deuxième partie de la
liste du jury et qui sont sans cesse appelés à décider de la vie
ou de la mort des citoyens. Ceux qui sont appelés à de si
redoutables fonctions, sont-ils bien capables de donner leur
voix à l'homme chargé de concourir à la confection d'une
loi dans laquelle il ne s'agira peut-être que de voter quelques
misérables centimes d'imposition ? Ce serait une anomalie
inconcevable que de se prononcer pour la négative.

Sans contredit, si on doit chercher à faire entrer de la
moralité dans les lois, il faut s'adresser à l'élite, aux gouver-
nans moraux des peuples : descendre plus bas pour s'éclairer davantage, serait entrer dans les ténèbres. Là doivent
donc s'arrêter, pour notre époque, les réformes politiques.

Nous engageons de tout notre cœur ceux qui partagent
notre opinion, à refuser l'action politique directe ou indi-
recte aux hommes qui ne réuniront pas les conditions d'intelligence, de moralité et de fortune pour agir dans mes affaires publiques consciencieusement et en connaissance de
cause.

Peuples, le vaste champ d'exploitation est libre est accessible à tous les bras ; avec du travail et de l'ordre, vous parviendrez, pour la plupart, si vous le voulez, à réunir les conditions essentielles à votre admission.

CHAPITRE VI.
Du recensement de 1841.

Pour l'exécution de la loi du 14 juillet 1838, une mesure d'ordre public a été prise, afin d'asseoir et de répartir également une contribution que divers immeubles et des milliers de citoyens n'avaient pas encore supportée. Eh bien ! que n'a-t-on pas vu ? Plusieurs magistrats de province s'oublier au point de se révolter ouvertement contre la loi et le gouvernement ; des citoyens aveugles excités par des ennemis de ce dernier s'ameuter et repousser violemment l'autorité, opposer baïonnette à baïonnette.

Le conseil municipal de Paris ayant délibéré et protesté contre la mesure prescrite, l'aurait, dit-on, qualifiée *d'illégale et anti-municipale ;* mais si Paris est une ville exceptionnelle, son conseil municipal a cru peut-être aussi, pour un cas particulier et exceptionnel, pouvoir faire connaître son opinion sur quelque partie du recensement. Du reste, il ne nous est pas donné de comprendre les motifs qui ont pu diriger un corps aussi puissant par sa fortune, ses talens et son intelligence. Seulement, il eût été à désirer que ce conseil eût pu agir autrement que par voie de délibérations qui peuvent établir des précédens d'une portée incalculable, à moins que les délibérations n'aient été prises dans les limites déterminées par l'art. 23 de la loi du 21 mars 1831 et par celles du 18 juillet 1837.

Que dit donc la loi du 14 juillet ? Voici en substance, son article 2 :

« L'article 31 de la loi du 21 avril 1832 est abrogé. Il sera
» soumis aux Chambres, dans la session de 1842, et ensuite

» de dix années en dix années, un nouveau projet de répar-
» tition entre les départemens, tant de la contribution person-
» nelle et mobilière que de la contribution des portes et
» fenêtres : à cet effet, les agens des contributions directes
» *continueront* de tenir au courant les renseignemens destinés
» à faire connaître le nombre des individus passibles de la
» contribution personnelle, le montant des loyers d'habitation
» et le nombre des portes et fenêtres imposables.»

Y a-t-il rien de plus clair, de plus précis que cet article ?
Pour connaître les objets, les matières imposables, ne faut-
il pas en faire la recherche ? dresser un recensement général ? La loi porte :

« Que les agens des contributions directes *continueront* de
» tenir au courant les renseignemens nécessaires. »

N'y a-t-il pas là, pour ces agens, l'obligation de se déplacer et d'aller, avec l'assistance des autorités locales, parcourir
le pays ; de prendre des renseignemens, des notes, qui serviront plus tard à éclairer le gouvernement, les conseils généraux et d'arrondissemens.

Le recensement est donc très légal, et pas un homme, que
nous sachions, ne peut nier le fait ; mais plusieurs se sont
plaints du mode d'exécution. M. le ministre des finances et
M. le directeur-général des contributions directes ont, à
n'en pas douter, prescrit des mesures uniformes pour toute
la France. S'il y a eu désaccord entre l'autorité municipale
et certains agens de contributions, cela prouverait, ou que
ceux-ci n'auraient pas compris leur mission, en osant s'ar-
roger le droit d'apprécier seuls la valeur d'objets soumis à
leur examen, et que, dans ce cas, la première aurait cru devoir refuser son concours ; ou bien, que l'autorité, mécon-
naissant elle-même ses devoirs, aveuglée peut-être par un
excès de zèle, d'intérêt de localité, n'aura pas voulu par sa
présence autoriser un surcroît légal de contributions. Ne
pourrait-on pas même supposer que des *ayant intérêts* auraient représenté cette mesure comme devant frapper la gé-

néralité des habitans ; et de là ces déplorables collisions qui ont occupé tous les esprits.

Le recensement s'étant opéré régulièrement dans dix-neuf communes contre une qui a cru pouvoir se refuser à l'exécution de la loi, il ne doit être question de cette minorité qu'à cause du mal qu'elle a fait, et toute critique acerbe, toute supposition injurieuse de la part de quelques hommes de cette minorité, dans une intention calcalée, méritent un anathème universel.

L'opinion de quelques conseils généraux a pu avoir, dans les circonstances actuelles, une trop grave signification pour ceux qui n'ont pu se rendre compte de la mesure du recensement, ou qui ont été animés de mauvaises intentions pour le gouvernement : nous entendons parler de ses ennemis et ils sont trop nombreux.

Nous n'avons vu, nous autres gens paisibles, dans l'application de la loi de juillet, qu'un acte d'égalité et d'équité, tant qu'on n'élèvera pas le chiffre de la contribution et qu'il n'y aura de frappé *à nouveau* que celui qui, depuis plusieurs années, jouissait du commode privilége d'exemption. Ce sera un revenu de plus pour l'état et un allègement de charges publiques. Il en est, du reste, du gouvernement comme d'un particulier : ni l'un ni l'autre n'est infaillible. S'il a été commis des erreurs, celui sur lequel elles porteront devra réclamer ; la voie la plus large lui est ouverte ; justice lui sera rendue ; mais aussi sa réclamation sera rejetée, si les répartiteurs locaux, ses seuls vrais juges appréciateurs, viennent à infirmer la demande du réclamant. Avec de pareilles garanties, pourquoi donc, sans connaître le résultat du recensement, s'être violemment révolté à l'avance ? Nous concevons que la mesure du recensement, mal appliquée, était très-propre à blesser la juste susceptibilité de quelques contribuables.

— Tout s'est passé ici dans l'ordre le plus parfait ; les autorités municipales ont agi de concert avec messieurs les préposés de l'administration des finances. Honneur soit donc rendu à notre pays, où l'esprit de sagesse ne fera jamais défaut.

Toute protestation contre un acte arbitraire, en contradiction manifeste avec la loi ou les règlemens, est le droit de tout citoyen français qui peut se pourvoir par voie de pétition contre l'abus, mais sans pouvoir opposer de résistance tant que lui-même n'est pas l'objet d'une attaque personnelle.

Mais au contraire, tous avis, toutes opinions collectives, émises par des corps revêtus d'un caractère public ou par des assemblées municipales, en dehors des attributions que les lois et règlemens leur confèrent, sont autant d'actes contre lesquels le bon sens doit protester, et que le gouvernement, de son côté, doit frapper de nullité, en vertu de l'art. 28 de la loi du 21 mars 1832.

Il n'est pas étonnant pour nous d'avoir vu quelques individus plus ou moins marquans protester séparément ou collectivement. L'esprit de parti et les ennemis se rencontrent dans tous les rangs de la société.

Parmi les localités qui paraissent avoir méconnu leurs devoirs, il en est deux qui viennent d'acquérir une bien triste célébrité. Toulouse et Clermont, villes importantes, gémiront long-temps d'avoir eu dans leur sein certains hommes qui, tôt ou tard, auront à rendre compte du sang qui a été répandu. Les habitans de ces malheureuses villes n'auraient sans doute pas tardé à se rendre à la parole bienveillante et consolatrice de l'autorité, si quelques ennemis de l'intérieur, et surtout certains journaux aux, aguets de ces coups qui retentissent au loin, n'avaient saisi les faits comme une bonne fortune à exploiter pour les commenter à leur gré et entretenir la population de ces narrations scandaleuses qui nourrissent si facilement l'esprit curieux des masses. Qu'arrive-t-il de telles déclamations imprégnées d'exagération et de mauvaise foi? Elles soulèvent les indignations, excitent à la révolte et amènent nécessairement de ces collisions déplorables, de ces guerres civiles auxquelles échappent trop souvent leurs auteurs, en n'atteignant que d'innocentes créatures dont le sang va couvrir le pavé de taches ineffaçables.

S'il fallait en croire ces imprudens journaux, il semblerait qu'on dût appuyer toute résistance à l'autorité, et qu'il n'y eût de noblesse chez le citoyen que celle qui le porterait à se raidir contre un pouvoir dont il se croirait l'égal. On sera bientôt conseillé par eux de proclamer, sinon en plein vent, du moins sur des registres municipaux, que deux gouvernemens seront continuellement en présence, celui de juillet et celui de la presse, gouvernement d'action légale et gouvernement d'opposition illégale.

Croit-on que si certaines têtes chaudes et les ennemis du gouvernement ne se sentaient soutenus par la presse, qu'on aurait autant de désordres à réprimer ? Oh ! non, sans doute; une telle conduite de la part de cette presse est bien coupable et ne peut convenir qu'aux méchans et à un certain nombre de lecteurs qui trouvent du plaisir à entendre dire le mal et qui sont si froids, si indifférens aux rapports contraires. Singulière organisation que celle de l'espèce humaine !

Certains écrivains politiques sont à l'esprit ce que les charlatans et empiriques de places publiques sont au corps. Il serait à désirer qu'on pût par analogie leur appliquer les dispositions pénales des lois du 21 germinal an II et 20 pluviôse an XIII; car il nous semble qu'il y a plus de danger à empoisonner l'esprit du peuple qu'à faire avaler souvent d'innocentes drogues à quelques croyans rustiques.

Nous faisons un appel aux sentimens honorables des électeurs, et les supplions, lorsqu'il sera question de procéder à de nouvelles élections d'arrondissement, de rappeler spécialement à leurs mandataires les blessures profondes que fait journellement la mauvaise presse, en les invitant à prendre mmédiatement les mesures législatives convenables pour opposer une forte digue à un pareil torrent dévastateur.

CHAPITRE VII.
Des congrégations religieuses.

Sans vouloir porter atteinte au principe éternel de l'idée, de la croyance d'une Providence, et au libre exercice du culte qui lui est dû, nous ne pouvons nous défendre des sentimens pénibles que nous ressentons en voyant chaque jour enregistrer des ordonnances royales autorisant la création, la fondation volontaire de corporations religieuses, innocentes en elles-mêmes, il est vrai, mais généralement inutiles pour la société, dont elles tendent à s'approprier petit à petit les terrains pour en monopoliser la propriété et jouissance, au préjudice de l'état, du commerce et de cette société.

Aujourd'hui, c'est une assemblée prenant pour titre : *Congrégation de l'immaculée conception de la sainte Vierge;* demain, ce seront trois ou quatre filles pauvres de bien qui se placeront sous le patronage de quelque saint en renommée; après demain, d'autres se présenteront sous les auspices d'un nom plus élevé en pouvoir d'intercession approprié au besoin de la réunion : c'est enfin à n'en point finir.

Que la malheureuse Espagne, la belle Italie, nous servent d'exemple, et qu'on évite aux générations à venir le pendant de 89.

Outre l'inutilité de ces fondations religieuses, sans but aucun d'intérêt général, sauf le seul cas de l'instruction pour laquelle nos écoles normales forment chaque jour des sujets, elles sont illégales, et les ordonnances royales, toutes bienveillantes qu'elles soient, sont en contradiction manifeste avec les lois de 1791 qui stipulent formellement :

« Toutes communautés, tous ordres sont abolis. »

et une autre loi assez récente du 24 mai 1825, qui porte, art. 2 :

« Aucune congrégation religieuse de femmes non existante avant

» le 1er janvier dernier (1825), ne peut être autorisée que par une
» loi. A l'égard de celles qui existaient antérieurement au 1er janvier
» 1825, l'autorisation sera accordée par une ordonnance royale. »

Toutes nouvelles créations de congrégations religieuses depuis 1825, manquent donc d'un caractère de légalité; et les ordonnances royales ne sont que des actes de pure tolérance qui auraient dû être précédés d'une loi spéciale.

La charte exprime que chacun professe sa religion comme il l'entend, à l'ombre d'un toit particulier ou d'un temple public, et obtient pour son culte la plus entière protection. Il n'en résulte pas, ce nous semble, la conséquence nécessaire qu'on puisse, pour une réunion, légalement agglomérer une masse considérable de biens immeubles.

Nous concevons le droit illimité de la pensée vers Dieu, mais celui de la propriété consacré par nos lois, qui indique les divers modes de transmission, ne peut être dénaturé et remplacé indéfiniment par des volontés particulières, dont l'intérêt doit s'effacer en présence de l'intérêt général. Et cependant combien obtient-on encore assez facilement l'autorisation d'accepter des actes de libéralités faites aux établissemens que nous critiquons.

Qu'on ne vienne pas nous taxer d'être injuste ou incisif envers les corps religieux en général, dont nous n'avons nullement à nous plaindre ; nous sommes loin de ressembler à quelques jeunes esprits forts que chaque jour on rencontre, et dont la sotte vanité et le chatouilleux orgueil étouffent la lumière d'une raison que plus tard la sagesse dirigera. Nous ne pouvons donc concevoir la légèreté de ces hommes qui, oublieux de l'intérêt général, ne cessent d'attaquer en arrière tout un corps, notre clergé séculier, par exemple, et le plus souvent quelques-uns de ses membres absens, qui ne peuvent se défendre, qu'on ne connaît pas, sinon par des rapports fugitifs forgés à dessein par d'autres individus eux-mêmes indisposés préventivement.

Nous, qui avons à cœur d'être vrai et d'écrire franchement comme nous pensons, nous avouons qu'il serait à désirer peut-être que le clergé français se cloîtrât moins : la confiance pour lui naîtrait d'une fréquentation mesurée, sans altérer en rien, ce nous semble, l'austérité de la règle du prêtre. Le meilleur moyen de pratiquer les vertus chrétiennes et de se faire imiter, serait pour lui d'unir ses actes à ceux de ses frères et de ne pas s'isoler autant de la société, au sein de laquelle il pourrait, en comprenant bien la portée de sa belle mission, remplir un des plus beaux rôles. Pour être apprécié à sa juste valeur, il faut dans presque toutes les circonstances de la vie se rapprocher et être vu de près. Pourquoi donc les disciples de Jésus-Christ, tous généralement instruits, s'enferment-ils avec leur savoir dans leur presbytère, où règne déjà une monotonie que rend encore plus insupportable une vieille servante, suivie d'un chien fidèle, qui, tous deux, dans la saison rigoureuse, occupent seuls les coins du feu ? Ils devraient savoir, ces prêtres, combien produisent peu de fruits leurs sermons, quelques touchans qu'ils puissent être, lancés sur certaines masses d'hommes qui, sortis du temple, n'ont plus que le souvenir d'avoir vu un homme habillé de blanc dans une chaire accolée à l'un des pilliers de l'église, et que quelques simples paroles jointes à la tenue du prêtre dans une famille, valent souvent mieux que tous les sermons du monde.

Si les pensées qui précèdent sont erronées, nous ne croyons pas moins devoir nous maintenir dans notre droit de critique, appartenant à toute personne qui cherche, dans ses momens de loisirs et de méditation, à découvrir les vices de notre organisation sociale et les fausses règles imposées au clergé, et que suit régulièrement le plus grand nombre de ses membres, sans oser tenter un autre mode de persuasion. Nous guerroyons donc contre les choses et non contre les hommes qui, quoique prêtres, ne sont pas tous infaillibles. Nous proclamerons cependant qu'il n'est pas plus possible de se passer de corps religieux apprenant aux hommes à de-

venir meilleurs, en ranimant leurs espérances par une con-
solante perspective d'avenir, que de magistrats chargés de
redresser les erreurs de la vie civile; que la religion entre
comme un des principaux élémens dans toute constitution,
et qu'elle est un des plus puissans appuis d'un gouvernement. Mais aussi nous ne reconnaissons de véritablement
bon et indispensable, que l'existence de notre clergé séculier et de nos respectables sœurs de la charité, au courage et
à la vertu desquelles nous ne pouvons jamais assez offrir
l'hommage de notre profonde reconnaissance pour le premier et le plus bel acte de charité. Hors de là donc, à notre
estime, point d'admission en France, des autres congrégations d'hommes et de femmes cloîtrées ou ambulantes. Nous
exceptons toutefois, à cause du bien immense qu'elles pro-
curent, les maisons trapistes.

Aussi voyons-nous chaque jour un public de plus en plus
nombreux, fréquenter régulièrement les temples chrétiens
et surtout les jours de grandes solennités. La pensée de
chacun est soutenue alors par le magnifique et brillant culte
adressé à l'auteur de l'univers, et là, dans un humble re-
cueillement, soit par un sentiment de bienséance et pour satisfaire à un usage de toute sa vie, soit pour remplir des
devoirs de conscience, tout un peuple s'agenouille en signe
du respect qu'il a pour l'Etre incompréhensible qu'on ho-
nore par de si majestueuses cérémonies.

Comme il n'entre pas, du reste, dans notre plan de traiter
une matière aussi délicate et tant de fois touchée, nous lais-
sons à d'autres plus habiles le soin d'éclairer les peuples
dans la voie qui conduit à la connaissance obligée d'un Etre
providentiel, de leur rappeler une révélation et d'interpréter
la parole sublime du Christ.

Que ces enseignemens soient regardés comme vrais ou
erronés, nous remarquons, outre les masses, tout ce qu'il y a
de plus distingué, fréquenter les temples romains, se presser
pour aller entendre les ministres de Dieu présenter des ins-

tructions à la fois religieuses et philosophiques. Chose extraordinaire pour nous! nous avons vu des hommes dans leur moyen âge, du premier rang par leurs titres et qualités, nous avouer qu'en fait de religion, tout était erreur; plus tard, avec quelques années de plus et toujours la même raison et la même santé, changer de langage et de conduite extérieure; nous avons vu, disons-nous, ces hommes sur le déclin de la vie, prendre la main d'un prêtre pour descendre dans la tombe.

Nous voyons tous les jours des hommes éclairés, types de leurs professions, des plus élevés dans les positions sociales, et des magistrats, contredire leurs premières idées par une conduite exemplaire, édifiante, qui, nous le croyons, fait autant naître dans l'âme des masses l'esprit d'ordre, de subordination et de respect pour tout ce qui les dépasse, que les plus beaux sermons de la chaire. Nous sommes aujourd'hui convaincu que tôt ou tard tout homme, quel qu'il soit, sentant le froid de sa tombe, implorera les secours de cette religion qui, nous le déclarons hautement, deviendra pour lui son meilleur bâton de vieillesse.

Combien le clergé français doit-il être satisfait de voir anéanties pour jamais ces vieilles et détestables querelles politiques, couvertes du manteau de la religion, et de trouver dans la nation une franche et loyale fusion, en même temps que le gouvernement appuie et soutient de tous ses efforts l'édifice religieux.

Nous ne sommes, grâce à Dieu, plus au temps où les croyances religieuses étaient aux prises, et où les partisans du droit divin invoqué à dessein, prétendaient placer l'église sur le trône. Cette pensée se trouvait diamétralement opposée à la parole de celui qui disait que *son royaume n'était pas de ce monde*, ce qui impliquait naturellement, conséquemment, que l'église n'avait point à se mêler d'un objet temporel, et par le fait même aucun droit sur le trône qui était le *royaume de ce monde*.

Si des circonstances hors de toute prévoyance humaine obligeaient à assigner aux deux puissances un ordre de prééminence, ce serait, sans contredit, à la puissance temporelle à prendre le premier rang, comme étant le premier appui matériel, et pourvoyant aux besoins essentiels des hommes.

Ces deux puissances, qui toutes deux forment le grand contrat social, doivent vivre comme deux sœurs, marcher de pair, en se soutenant l'une et l'autre ; étendre leurs bras puissans sur le monde, sur l'univers entier , et appeler à elles les peuples pour les serrer cordialement et n'en faire qu'une seule famille.

Aussi, dans cette heureuse idée, que ne fait pas notre-paternel gouvernement pour l'église comme pour ses ministres ? Constructions et restaurations immenses, améliorations dans le sort du personnel ecclésiastique.

Et les pauvres communes? Leurs magnifiques temples dont les cîmes, les élégantes flèches s'élèvent dans les airs, ne parlent-ils pas tous en faveur et en l'honneur de la religion catholique ?

D'un autre côté, nous nous plaisons à reconnaître, à publier que les ministres de Dieu paraissent généralement se rapprocher de plus en plus du trône qui, à son aurore brillant comme le soleil qui l'a vu naître, sembla les frapper d'une panique invincible.

Si dans ce petit écrit nous nous sommes plu à parler de la paix, de la guerre, de l'industrie, du commerce, des écoles, de l'agriculture, qui fait vivre les hommes, de leur politique, de leur fort intérieur religieux, de leurs besoins matériels et moraux, nous allons encore jeter un coup-d'œil sur certaines choses matérielles qui sont la conservation de la nature humaine ou qui touchent aux intérêts pécuniaires, et sur d'autres objets dont l'importance n'intéresse pas moins la société.

CHAPITRE VIII.
Des Fortifications.

Nous avons été satisfait en apprenant l'adoption de la loi concernant les fortifications de Paris. Nous avons exactement suivi les discussions soutenues pour et contre :

Par les hommes francs amis de leur pays ;

Par ceux qui, mal organisés, ont la triste et folle habitude de tout critiquer pour se faire remarquer ou donner satisfaction à leur vanité ;

Par d'autres enfin qui, en s'intitulant les hommes de leur pays, ne sont que des ennemis déguisés de l'ordre de choses actuel et dont la politique tend sans cesse à tout embrouiller, dénaturer et tout bouleverser pour apparaître plus loin dans un autre camp.

Tous les grands orateurs des deux Chambres ont fait entendre leurs puissantes voix; les opinions des génies de l'autre siècle ont été rapportées , l'état des dépenses, le devis général ont été établis autant bien que le grandiose de l'œuvre le comportait. Les discussions ont été de part et d'autres belles, savantes : on pourrait, si on se payait de beaux mots, donner gain de cause à tous les combattans ; mais on nous permettra, quoique simple villageois, d'exprimer ce que nous avons toujours senti depuis qu'il a été question de fortifier, de cuirasser le cœur de la France, comme si nous eussions pris part aux débats et que nous eussions été impressionnés dans le temple même des législateurs.

La politique, comme beaucoup de choses de ce monde, se prête d'autant mieux à la controverse, que l'homme a le plus de ressource dans l'imagination et de puissance dans la parole ; mais alors combien il est fâcheux que pour un objet sur lequel il devrait y avoir unanimité, des hommes de talent abusent sciemment et à la face de leur pays des dons que la nature leur a départis, et soutiennent, contre la raison et la bonne politique, des opinions qu'ils savent au fond être fallacieuses, mais dans lesquelles les uns se plaisent uniquement pour faire de l'opposition, et d'autres, pour jouir du plaisir d'une déclamation parfois entraînante dans une voie inconnue ou non praticable.

De tout notre cœur, nous avons sympathisé avec l'honorable et distingué M. Thiers, qui a été si grand dans ses rapports comme dans ses répliques, avec le docte M. Guizot, bon Normand, comme nous, et dont la parole simple a démontré en peu de mots la grandeur de la conception et la moralité de la loi ; mais, franchement, nous avons fortement murmuré en silence dans notre chaumière, contre d'autres organes d'opposition et particulièrement contre un honorable député qui a eu la témérité de traiter *d'insensé* le projet de loi.

Petit que nous sommes, il n'est pas entré dans notre tête de prétendre discuter sur une question d'une aussi immense portée, que nous ne pourrions atteindre, et qui aujourd'hui se trouve résolue et fondue en loi. Néanmoins, nous n'abandonnerons pas le terrain sans exprimer notre regret de ne connaître ce député que par ses œuvres. Si nous avions l'honneur de l'approcher, nous lui adresserions de vive voix les simples et vulgaires questions suivantes, dût-il nous couvrir de son dédain poétique.

Lequel de deux hommes est le plus *insensé* ou de celui qui se met à l'abri d'un torrent de pluie et de grelons, ou de celui qui se laisse arroser de pied en cap ?

La réponse est simple et appartient au plus ignorant des hommes.

N'est-il pas prudent et sage de se vêtir contre les rigueurs du climat, de serrer ce que l'on a de plus précieux contre les attaques des bêtes et des malfaiteurs, de porter sur soi-même, en cheminant, des armes pour sa propre défense ?

Si un homme doit pour sa santé, pour la conservation de son trésor et de sa personne, prendre toutes les précautions nécessaires, que ne doivent pas faire une famille, un ville, et quelle ville ? Paris, l'âme du pays.

Ne voyons-nous pas dans la nature, par les insectes mêmes que nous foulons à nos pieds, comme par toutes les races d'animaux terrestres et aquatiques, que chaque espèce a son genre différent de défense et d'attaque, et que tous en général sont pourvus soit d'instincts particuliers, soit d'armes qui puissent leur servir dans l'attaque ou être opposés à l'agression ?

Voici un dernier exemple qui renferme en lui-même la conclusion la plus puissante, qui doit pulvériser et réduire à zéro toute objection, toute opposition, quelque formidable qu'elle soit.

Il n'y avait que cent vingt-trois Français à Mazagran ! En plaine, ces braves, ces immortels devenaient poussière ; mais entre quatre murailles, ils l'ont fait mordre à des milliers de combattans.

La défense est donc de droit dans la nature, ce qui impose, pour celle d'une ville, l'obligation préliminaire de travaux matériels ; et nous ne croyons pas qu'elle puisse être arrêtée par la crainte de se voir servir soit de rempart au despotisme royal, soit d'abri aux factieux.

Et cependant combien avons-nous été fâché de voir une aussi forte minorité s'opposer à l'adoption de la loi ? Oh ! nous pensons et proclamons franchement que l'esprit de parti et d'intérêt mal entendu ont autant dominé que les convictions d'une opposition loyale et consciencieuse ; nous ne concevions de dissidence que sur le mode de la défense, et nous espérions qu'il devait y avoir unanimité sur l'utilité d'un objet du plus haut intérêt général.

Le gouvernement sentait bien que ce grand acte de défense ne pouvait plus être différé ; qu'il pouvait agir sans craindre d'inquiéter l'intérieur comme l'extérieur : de quel droit d'ailleurs les puissances seraient-elles venues se mêler d'une œuvre qui ne les regardait pas ? Chacun est libre

chez soi. Ce sera une grande dépense, il est vrai, mais auss
les fonds étant aussi utilement employés, procureront du
pain à bien des milliers de pères de famille.

CHAPITRE IX.
Noviciat de la Magistrature et Révision des Traitemens.

Rien sur terre ne se trouve exempt de critique, l'ensem-
ble même du bel ordre qui règne en France.

Comme un simple mécanisme, l'administration roule et
marque sur tous les points, sans secousse aucune, l'impres-
sion qui convient à cet ordre et au bien public. Nous ap-
pellerons cependant l'attention sur certaines branches de ce
grand rouage, qui pourraient être retouchées ou remplacées
par de nouvelles mises à l'épreuve.

Nous désirerions que la magistrature des tribunaux de
première instance fût soumise à un noviciat de dix années,
et que la fortune et le sort des citoyens ne fussent pas dépo-
sés entre les mains d'une jeunesse qui, bien que probe et
instruite généralement, est parfois trop ardente et n'a pas
une expérience convenable des choses et des hommes ; que
l'on ne pût être juge ou membre d'un parquet qu'à quarante
ans, et que les dix années de noviciat fussent celles d'un
avocat ayant glorieusement combattu devant un tribunal et
blanchi sous la robe : nous voyons, au contraire, des jeunes
gens nommés aujourd'hui suppléans, demain substituts, et
après-demain procureurs du roi, et peu de mois après, aller
s'asseoir sur un fauteuil qui ne devrait être réservé qu'à
l'homme mûri par l'expérience et le savoir, et dont la présence seule inspire au public la confiance et le respect
qu'exige la justice. Eh ! mon Dieu ! pour commander une
simple compagnie de soldats, qu'on fait mouvoir à la parole
comme des machines, on exige bien plusieurs années de
service ! Et pourquoi donc, lorsqu'il s'agit d'appliquer les

lois qui sont si difficiles à interpréter, ne prendrait-on pas de garanties contre l'erreur tous les jours en évidence ?

Au commencement de la nouvelle ère de juillet, elle a été heureuse, cette magistrature, de ne pas se trouver dans le courant révolutionnaire et de conserver ainsi son droit d'inamovibilité. Beaucoup de sages penseurs trouvaient qu'elle aurait dû être refondue et qu'on aurait pu, par ce moyen, éliminer un certain nombre de ses membres qui, nous l'avons entendu dire souvent, étaient loin d'être à la hauteur de leur grave mission. Nous ajouterons encore que la justice, quelque belle qu'elle soit, est trop lente dans les affaires civiles ; l'intérêt des parties se trouve lésé d'une manière extraordinaire : nous parlons là en connaissance de cause.

Nonobstant les récentes augmentations de traitemens des magistrats de l'ordre judiciaire, nous ne les trouvons pas assez élevés en raison de leurs importans travaux et de tout le temps qu'ils consacrent au bien public. Un juge est bien moins rétribué qu'un simple agent-voyer ou un conducteur des ponts-et-chaussées, qui n'ont aucune responsabilité à encourir, et qui se livrent souvent à des travaux particuliers, en dehors de leurs fonctions d'où ils retirent de grands bénéfices. Au train dont vont ces derniers, leurs traitemens et bénéfices dépasseront ceux de messieurs les sous-préfets qui, plus nous irons, se trouveront chargés d'un immense travail à cause de l'intelligence et de l'ordre qui doivent y présider.

Oui, comme premier magistrat de l'ordre administratif, comme général d'un arrondissement, un sous-préfet capable tel que l'est celui que nous possédons, n'est pas assez rétribué. Il voit tout par lui-même, sait donner une prompte et douce impulsion à toute son administration, dont le public est pleinement satisfait. Aussi, comme il est glorieux pour lui qu'une munificence royale ait fixé à la boutonnière de son habit une de ces marques toujours honorables et qui ont très souvent inspiré les plus généreux dévouemens.

Si nous désirons voir augmenter les traitemens des magistrats que nous avons indiqués, nous voudrions bien, d'un autre côté, qu'on opérât des réductions dans ceux de personnages déjà par eux-mêmes riches et souvent très riches. On devrait bien faire une révision générale. Eloigné que nous sommes de beaucoup de ces gros bénéficiers, nous ne dirons que deux mots de ceux qui sont près de nous : ce sont les receveurs-généraux et particuliers dont le premier mérite est d'être riche, d'avoir de gros cautionnemens dont l'état paie exactement l'intérêt, et le second, de posséder des scribes sur lesquels roule trop souvent la principale partie du travail. On paie douze ou quinze mille francs à un receveur particulier, vingt à trente mille à un receveur-général ; n'y a-t-il pas, dans chaque gros traitement, de quoi faire vivre honorablement plusieurs pères de famille ? La société trouve-t-elle dans ces positions un juste équivalent de ce qu'elle donne à des hommes qui ne font rien ou bien peu de chose ? Nous sommes loin de le croire. Il nous semble que les traitemens, les pensions, les subventions, les bonifications, comme on voudra du reste les appeler, ne devraient se donner qu'en raison du poste qu'on occupe, de l'importance du travail et de l'intelligence qui le nécessite : il n'en est pas toujours ainsi.

CHAPITRE X.

De la Procédure civile et de l'Exécution forcée des Jugemens et Actes.

Nos législateurs se sont bien occupés du sort des débiteurs en modifiant la procédure des ventes forcées, mais combien il leur reste encore d'améliorations à opérer ? Il faudrait réviser notre système hypothécaire qui donne lieu à tant de difficultés et de procès, entrave les transactions commerciales et nous traîne trop souvent jusqu'aux portes des agioteurs, qui ne demandent, pour l'entrée de leurs cellules, que le modique intérêt de 12, 15 p. 100, et quelquefois plus.

Nous pouvons dire en connaissance de cause, que la procédure judiciaire, celle surtout des tribunaux exceptionnels, souvent dirigée par certains *gripards* ou *sang-sues* que recèle l'antre affreux de la chicane, devient de jour en jour plus ruineuse pour le malheureux débiteur! D'un autre côté, si l'aveugle intérêt d'ignares agens de la justice tend à prolonger de quelques jours le délai, c'est que ces individus savent bien qu'ils pourront à leur gré grossir les frais, tant que la chose leur rassure la perception. Il y a mille exemples à citer où, dans trois semaines, les actes vexatoires de certains sergens ont atteint et souvent dépassé les capitaux exigibles. Nous ne pourrions croire qu'il y eût un homme qui osât nier ces faits que nous affirmons être vrais, comme ayant eu nous-même une connaissance trop *exacte* de ces choses. On ne conçoit pas qu'en présence d'une aussi déplorable masse de désordre, les tribunaux puissent garder leur impassibilité et ne pas s'adresser aux Chambres pour obtenir encore une révision des lois d'exécution civile qui, en révélant tant d'imperfections, ne tendent qu'à dépouiller la société au profit des agens de la justice. Telles sont cependant les plaintes qui retentissent de toutes parts, que nous ne craignons pas de citer ici, et de mettre sous les yeux de l'autorité si elle daigne les entendre ou les lire. Comment se fait-il enfin que le mot *d'amélioration* sorte de toutes les bouches et qu'on ne comprenne pas celle-ci?

CHAPITRE XI.

De la Régie du Domaine et de l'Enregistrement et du Notariat.

La régie du domaine et de l'enregistrement serait heureuse si en passant nous ne jetions sur elle un regard de critique bien mérité. Nous reconnaissons qu'elle procure un des bons revenus de l'état, mais aussi combien cet impôt est lourd et difficile à supporter! Cette matière aurait grand besoin d'être remaniée; on n'y connaît bientôt plus rien;

l'incertitude des receveurs est aussi grande que celle de l'administration qui aujourd'hui décide dans un sens, et demain dans un autre.

Les lois sur cet objet ne sont pas nombreuses ; elles paraissent claires (quoiqu'il y ait cependant, comme dans plusieurs autres lois, des points obscurs), et cependant beaucoup de receveurs, de vérificateurs, d'inspecteurs, croient que chaque paragraphe, chaque article des actes qui leur sont soumis, doivent donner lieu à un droit particulier d'enregistrement. Aussi, les notaires sont-ils obligés, à double titre et dans maintes circonstances, de discuter avec leurs receveurs sur les clauses et les diverses dispositions de leurs actes, souvent même de lâcher prise et d'abandonner leurs justes prétentions, uniquement à cause des formalités longues et dispendieuses qui dépassent le droit à restituer.

Si ces agens du fisc n'avaient pour principal guide que leur simple lumière et les lois, les choses iraient beaucoup mieux ; mais ils sont tant surchargés d'instructions ministérielles, d'arrêts de controverse, d'avis de l'administration supérieure, de lettres de directeurs, de commentaires, et continuellement placés au milieu de cet arsenal de bureaucratie, qu'ils sont obligés de varier dans un laps de six mois ou d'un an, leur mode de perception, tant la jurisprudence en cette matière est vacillante et incertaine. Disons toute la vérité : la régie de l'enregistrement est un vrai labyrinthe, un foyer de contradictions où les parties vont se perdre sans pouvoir souvent se défendre contre de bien graves erreurs.

Ses rigueurs ne laissent pas que de nuire sensiblement aux notaires dans l'esprit de leurs cliens qui sont assez injustes pour ne pas tenir compte à leur mandataire, à leur homme de confiance, de tous ses soins et ménagemens, de l'embarras que lui ont causé l'indomptable persistance de certains employés du fisc, qui ne peuvent s'empêcher d'apercevoir devant eux une échelle.

Tous les actes et transactions de la vie humaine sont aujourd'hui connus ; ils sont clairement titrés et classés. Que le gouvernement veuille donc bien s'occuper de réunir toutes les lois fiscales de l'enregistrement, les diverses décisions et avis y relatifs, refondre le tout pour en former un nouveau code clair qui serve enfin de bon régulateur aux préposés à la perception d'un impôt dont le poids, en matière de succession, ne devrait déjà plus porter sur des enfans qui ont perdu leur père.

Si, outre la garantie qu'on exige aujourd'hui dans l'intérêt de la société comme dans celui du notariat, nous en avons demandé une autre, nous avions deux raisons valables militant en faveur de notre initiative proposition : la première, dans le but d'établir moins de concurrence pour cette carrière, et la seconde, afin de se procurer des sujets munis de plus de savoir, par conséquent plus capables d'éclairer leurs cliens et de se défendre contre les rigueurs fiscales.

Tout n'est pas roses dans ce monde : certaines positions vues de loin paraissent belles et attrayantes ; de près, souvent le charme s'évanouit.

De combien d'attaques parties des portes de la pauvre et basse jalousie, le notariat n'a-t-il pas été l'objet dans ces derniers temps ? Le mal commençait à gagner les étages supérieurs, lorsque tout-à-coup on s'est ravisé, s'étant bientôt aperçu qu'on pourrait descendre sur un terrain brûlant où l'on aurait rencontré la justice d'un droit payé bien cher et non un privilége comme l'ont injustement publié certains hommes : singulier privilége que celui-là ! *Stager* pendant dix années, placer 40,000 fr. dans une étude qui rapportera, terme moyen, 4,000 fr. En prélevant 2,000 fr. pour intérêts, que toute autre personne ayant un pareil capital peut se procurer, il restera 2,000 fr. pour appointemens de clercs, frais de bureau, de voyages, etc., etc. : quel sera le net du bénéfice ? quel sera enfin le prix du talent, de l'intelligence du notaire ? 12 ou 1,500 fr. au plus ? Autant vau•

drait être percepteur, commissaire-voyer ou conducteur des ponts-et-chaussées. Et ainsi de même progressivement pour le prix et les charges comme le produit des études plus élevées.

Sans doute qu'on ne compte pour rien le contact d'un public trop souvent injuste et méchant ; les avances gratuites et considérables dont il ne sait aucun gré ; une responsabi-lité immense qui pèse sur l'officier public auquel

> Parfois a fait défaut l'égide salutaire
> Dont Thémis a doté la toge *parquetaire*.

Aujourd'hui même nous en voyons un exemple frappant dans une des classes de ces fonctionnaires, laquelle va se trouver aux prises avec messieurs des parquets, à l'occasion de l'exercice du notariat dans le ressort des justices de paix.

La loi organique du notariat, du 25 ventôse an XI, dis-pose :

« ART. IV. Chaque notaire devra résider dans le lieu qui » lui sera fixé par le gouvernement.

» ART. V. Les notaires de troisième classe exerceront » leurs fonctions dans toute l'étendue du ressort de leur jus-» tice de paix. »

Il est clair que le notaire ne peut résider, même momenta-nément, ailleurs qu'à l'endroit indiqué dans son titre : c'est donc là qu'est son domicile et celui de sa famille.

Il est évident encore qu'il a le droit d'instrumenter ou d'exercer ses fonctions dans tout le ressort de la justice de paix, toutes les fois qu'il en est requis.

Si le notaire, hors du lieu de sa résidence, avait un local particulier où il reçût habituellement ses cliens et passât des actes, ce serait là une seconde résidence, ou plutôt une se-conde étude ouverte : il commettrait, dans ce cas, une con-travention à la loi.

Si, d'un autre côté, sans local ni appartement particulier,

il se rendait fréquemment, habituellement même, au chef-lieu de canton, à la porte de son confrère, et qu'il cherchât, soit par lui-même, soit par des influences étrangères, actives et publiquement connues, avouées pour telles, à capter et détourner à son profit la clientèle qui naturellement serait allée chez ce confrère, il n'en serait pas moins bien coupable et mériterait de fortes peines disciplinaires.

Mais, à l'exception des deux derniers cas répréhensibles que nous venons de préciser, un notaire, qui n'a ni local ni maison attitrée, ni dépôt de minutes ailleurs qu'au domicile réel de sa famille, et qui se transporte partout où bon lui semble, soit pour rédiger des actes, soit pour donner des conseils, lorsqu'il en est requis (puisque la loi lui fait un devoir de prêter son ministère), agit dans les pleines limites de ses attributions, et nous ne connaissons, en France, aucune puissance, sinon une loi, du reste impossible, qui l'oblige à l'immobilité, ou l'arbitraire passager d'un pouvoir aveugle qui puisse porter atteinte à l'intérêt précieux et de la société et du dépositaire de sa confiance.

Le maudit intérêt aveugle toutes les positions sans distinction : aussi peut-être quelques notaires oublieux des dispositions légales et des procédés loyaux que l'on doit à ses semblables, se mettent dans le cas d'appeler sur eux la vindicte publique et l'œil de la répression judiciaire. C'est vraiment un grand mal que l'intrigue du notaire ; il doit, par lui-même, sentir qu'elle est indigne d'un fonctionnaire dépositaire d'un aussi beau trésor : la fortune et la confiance de ses concitoyens, qu'on ne confierait souvent pas au plus riche et au plus puissant de ses voisins. Si, en lui-même, le notaire blâme l'intrigue chez les autres, pourquoi agit-il contre sa conscience ? Toutes menées, toutes pratiques secrètes, soit par lui-même, soit par des agens de clientèle affidés, toutes basses idées de jalousie et de cupidité constituent un trafic honteux et mercantile, qui doit être à jamais banni du sein du notariat aujourd'hui si intéressant par ses lumières.

Là où se rencontre une exception à la loi et à la raison, on ne devrait trouver également qu'un acte particulier de blâme, d'improbation ou de répression.

Aussi combien a dû être grand notre étonnement; que disons-nous? celui du corps entier des notaires, en voyant dernièrement lancer du haut de certains parquets de messieurs les procureurs-généraux dans plusieurs autres parquets de leur ressort, et de là jusque dans les chambres de discipline des notaires, quelques fulminantes circulaires par lesquelles ces magistrats élevés appellent l'attention de leurs substituts sur les notaires ruraux, à cause « de tous leurs » déplacemens en général non précédés de réquisitions ex- » presses, » et par lesquelles ils interprètent, à leur manière, les lois qui régissent la matière, et leur donnent un esprit de restriction qu'elles n'ont peut-être pas.

Lorsqu'un notaire se déplace, c'est sans doute dans le but d'exercer son ministère, lorsqu'il en est requis, soit le jour même, soit quelques jours à l'avance : il n'y a rien là de répréhensible. Est-ce qu'il ne lui sera plus permis d'aller au chef-lieu de canton, un jour de fête ou de marché porter lui-même ses actes au bureau de l'enregistrement, ou dîner chez un ami? Faudra-t-il des commissionnaires ou des lettres par la poste? Dans combien de circonstances le notaire n'est-il pas appelé à des distances éloignées de son domicile, même à son chef-lieu de canton, pour répandre ses lumières sur des affaires de famille, sur d'autres que souvent il ne traite pas?

Ces circulaires, si Messieurs les procureurs du roi ont le courage de les faire exécuter passivement et sans distinction, ne laisseront pas que de blesser la juste susceptibilité des notaires, de porter atteinte à leurs droits chèrement achetés, à leur considération et, qui plus est, d'entraver leur liberté individuelle. Heureusement, c'est un corps en état de se défendre.

Que Messieurs les procureurs-généraux ne croient pas que pour deux ou trois cas exceptionnels qui leur ont été signalés, ils puissent, à leur gré, enfanter un règlement général de prohibition. Ils sont loin, nous en sommes convaincus, d'avoir une pareille pensée : nous nous permettons très franchement de leur dire que dans l'espèce ils ont pu errer.

Il nous est resté du notariat quelques impressions qui ne s'effaceront pas de sitôt. Nous avons en outre quelques livres que Messieurs les procureurs-généraux possèdent aussi, à n'en pas douter, car aujourd'hui chaque classe de fonctionnaires a ses livres, ses guides, ses autorités, ses instructions et sa jurisprudence, comme le prêtre a son bréviaire à dire. Que Messieurs les procureurs-généraux daignent ouvrir le supplément à la troisième édition du Dictionnaire du Notariat, page 628, n° 19, ils y verront les dispositions suivantes :

> « Les jurisprudences judiciaires et administratives ont éta-
> » bli pour règle : 1° Que le notaire, qui se transporte habi-
> » tuellement dans une commune autre que celle de sa rési-
> » dence, y occupe un logement, y tient un local fixe ou
> » bureau ouvert, pour recevoir des actes, contrevient à la loi;
> » mais que le notaire qui va périodiquement un ou plusieurs
> » jours de la semaine, dans une autre commune pour y passer
> » des actes, sans toutefois y tenir un local fixe ou bureau ou-
> » vert, n'est point en contravention à la résidence. »

> Cour de cassation du 21 février 1827. C. C. Nîmes, 23 décembre 1825. Paris, 14 mai 1832; décision ministérielle du 3 décembre 1835.

Nous sommes donc portés à croire qu'en présence de pareilles autorités, Messieurs les procureurs-généraux, mieux informés sur la conduite des notaires de ce pays qu'ils ne l'ont été par quelques individus intéressés ou par quelques-uns de Messieurs leurs substituts, eux-mêmes prévenus ou trompés, ne tarderont pas à revenir sur des circulaires qui, conçues du reste dans le meilleur esprit de justice possible, pourraient faire éclater les orages les plus violens. Ils ne seront pas long-temps à s'apercevoir que la fraction du corps des notaires mise en cause, est, à quelques rares exceptions près, digne de toute leur estime et ne doit pas être conséquemment placée dans un état permanent de suspicion et de prévention fâcheuse aux yeux de la justice comme à ceux de la société.

Le notariat est déjà assez inquiet de son avenir, sans qu'on doive à l'avance lui causer tant de disgrâces et d'entraves qu'il n'a pas méritées.

Qu'il saluera avec bonheur le jour qui lui apportera une loi de perpétuelle stabilité et d'affranchissement qui l'arrachera des mains d'un pouvoir discrétionnaire et parfois tracassier d'un seul homme, pour le rendre à ses pairs, ses juges naturels, à la loi commune enfin !

CHAPITRE XII.

Etat des améliorations désirées.

Nous ne porterons pas nos considérations, nos critiques, sur d'autres objets qui cependant pourraient le mériter. Nous nous bornons donc en ce moment à restreindre, dans un cercle fort étroit, le nombre des améliorations matérielles et morales dont nous voudrions voir bientôt doter notre beau pays.

Nous nous résumons donc en faisant des vœux sincères pour les suivantes :

1° Création de plusieurs instituts agricoles ou fermes-modèles ;

2° Création d'une école d'arts et métiers et d'une chaire d'économie commerciale dans chaque siége de cour royale ;

3° Un prompt partage ou un meilleur mode de culture des terres vaines et vagues;

4° La vente ou le défrichement des vastes clairières et parties de bois usés faisant les lisières des bois et forêts de l'état;

5° Une révision de la loi du 1er brumaire an VII, sur les patentes, avec des règlemens sur les empiétemens de l'aveugle concurrence, pour protéger enfin l'honorable citoyen qui n'a qu'un genre d'industrie pour faire vivre sa chère famille;

6° Un prompt règlement pour l'exécution de la loi de 1791, sur les pauvres, ou une nouvelle loi plus en harmonie avec nos mœurs, nos usages et les facultés individuelles;

7° Une loi qui oblige formellement toute commune à avoir un garde champêtre, lequel devra être un soldat libéré, sachant lire et écrire;

8° La suppression immédiate des jurys médicaux, qui confèrent le titre d'officier de santé;

9° Des règlemens qui obligent les pharmaciens à justifier des titres de bachelier-ès-lettres;

10° Obliger les notaires et avoués à être licenciés en droit et les huissiers à suivre une année de cours de procédure civile;

11° Une loi qui rende, conformément à la Charte, l'instruction libre, sous la seule inspection de l'autorité locale, et qui affranchisse les communes du privilége qui les grève en ce moment;

12° De vigoureux règlemens qui obligent les élèves désireux de parcourir tous les degrés de l'instruction secondaire, à concourir, pour chaque classe, et à prouver ainsi leur aptitude et leur savoir, de manière à refouler une masse d'élèves insignifians qui suivent routinièrement et sans fruits tout le cours des humanités;

13ᵉ Une forte loi purgative contre les chevaliers d'industrie, les voleurs de Paris et des grandes villes, qui les oblige à remplir d'autres rôles sur le théâtre du monde ; enfin, une loi de sûreté qui concilie l'intérêt de la société avec celui de la liberté individuelle ;

14º De fréquens rapports par des commissions spéciales, à la Chambre des députés, sur l'esprit et la tendance de tous les journaux, de manière à faire connaître au loin le blâme encouru par ceux qui seraient conçus dans un esprit subversif, de dénigrement, de calomnie habituelle, et à les déconsidérer dans l'esprit des peuples, et aussi à louanger les journaux francs, loyaux, et guidés par un esprit d'ordre et d'amour pour leur pays.

Ce serait rendre un éminent service aux journaux eux-mêmes, ce serait les civiliser ;

15º En augmentant un peu les cautionnemens des journaux quotidiens et hebdomadaires, on aurait des directeurs-gérans et des écrivains moins remuans et tracassiers, parce qu'en possédant davantage, ils deviendraient plus amis de la conservation ;

16º Une loi qui admette franchement aux colléges électoraux, tous les gens honorables qui figurent sur la deuxième partie des listes du jury, et qui rejette toute autre proposition de réforme électorale ;

17º Sinon la suppression, du moins la cessation de créations de congrégations religieuses ;

18º Un noviciat de dix années pour la magistrature des tribunaux de première instance et l'augmentation de son traitement ;

19º La suppression des juges-suppléans ;

20º Une révision complète et générale de tous les traitemens, et surtout de ceux des receveurs-généraux et particuliers ;

21º Une prompte révision du Code civil, au titre 18,

livre III, des priviléges et hypothèques, et des règles géné-
rales sur l'exécution forcée des jugemens et actes, livre V du
Code de procédure civile ;

22° Un nouveau Code pour redresser les détours du labyrinthe de la régie du domaine et de l'enregistrement ;

23° Une loi qui devienne la sauve-garde du notariat en ne
le laissant plus à la discrétion d'un seul et à la convoitise de
tous ;

24° Une loi qui punisse d'une forte amende tous électeurs
qui auront porté le trouble dans les consciences , en cher-
chant à les influencer pour ou contre, et que chaque électeur,
à la suite du serment prescrit par l'art. 47 de la loi du 31
août 1830, soit obligé d'ajouter la déclaration suivante :
« J'affirme voter avec une conscience libre de tous engage-
mens. »

La France, comme le temps, doit marcher de progrès en
progrès, lentement et sans secousse. Des améliorations,
pour être réalisées, ont besoin quelquefois d'être indiquées
long-temps à l'avance.

Nous ne savons cependant si toutes celles que nous nous
sommes permis de signaler , doivent subir les mêmes
épreuves.

Dans cet état de choses, nous appelons, de tout notre
cœur, l'attention du gouvernement, des Chambres, des con-
seillers de département et d'arrondissement, si bien en position de connaître les besoins de la société ; des économistes
enfin, sur des améliorations qui, nous le pensons, une fois
opérées, ajouteront encore à la prospérité du pays, et double-
ront notre reconnaissance pour un roi d'un si grand caractère, dont le règne est marqué par tant de travaux et d'établissemens utiles ; aussi avons-nous en lui, comme dans un
bon père de famille, une foi et une confiance que rien ne
pourra ébranler.

Que son gouvernement s'appuie avec confiance, avec

abandon, sur l'opinion générale exprimée par l'élite immense de la société, il sera éternellement dans le vrai, et
toute attaque, partie ou de la mauvaise presse, ou de quelque
foyer clubiste, ira, comme la foudre, se perdre dans le vide.

Mais que tous les bons citoyens se pressent, que les
Chambres s'unissent, afin de soutenir le pouvoir malheureusement trop instable, et prolonger, pour le bonheur et
la tranquillité générale, l'existence de nos ministres, qui,
de nos jours, naissent et meurent trop vite.

Là se trouveront la paix et la force réelle de notre pays.

FIN.

Table des Matières.

Imprimerie de Madame DE LACOMBE, rue d'Enghien, 12.

www.ingramcontent.com/pod-product-compliance
Lightning Source LLC
Chambersburg PA
CBHW061254060726
47596CB00002B/595